CÓMO SOLTAR EL NUDO

MENTORÍA PARA UNA BÚSQUEDA DEL SENTIDO VITAL

DR. NELSON DE J. RUEDA RESTREPO

RGM PRESS

Rueda Restrepo, Nelson de Jesús.

Como soltar El Nudo.
Mentoría para una búsqueda del sentido vital

1ª edición revisada.

Nelson de J. Rueda Restrepo
CM 100 Filosofía y Psicología
QT: Filosofía y Religión. I. Titulo
Mediador Lingüístico. Juan Gonzalo Londoño J.
Ilustraciones: https://pixabay.com/es/

Gracias
Por estar aquí y ahora.
Este libro está dedicado a ti,
buscador de la presencia consciente.

"Sed Fieles a la luz que tenéis,
hasta que una luz superior os sea dada.
Buscad más luz
y la tendréis abundantemente;
no descanséis hasta que la encontréis"
El Evangelio de los 12 Santos.

"Decir consciencia equivale a decir estar despierto, que no es otra cosa que captar relajadamente la realidad interior y del entorno. Aprender a mirar, ver, comprender y sentir.

La consciencia es un punto de mira. Es fundamental el "desde dónde" de ese punto de mira, pues de él dependerá la realidad abarcada y comprendida. No resulta fácil a veces ponerse en contacto consigo mismo y darse cuenta de lo que realmente se experimenta"

— ESCUELA DESARROLLO
TRANSPERSONAL

ÍNDICE

VII. POR LA VÍA DE LA PSICOLOGÍA ESPIRITUAL

PRÓLOGO

La humanidad debió esperar hasta 1685 para enterarse de la ley de la gravedad. Millones vieron caer manzanas, pero solo Isaac Newton (1643-1727) se preguntó, un buen día: ¿Por qué?

Ha sido muy útil para la evolución biológica de la especie humana, que aprendamos los comportamientos que han probado, en las generaciones anteriores, ser soluciones prácticas a problemas cotidianos. Pero, aún queda por explicar una gran cantidad de preguntas, la mayoría de ellas iniciando con la fórmula ¿Por qué es así?

Sin embargo, hasta el momento presente, lo aprendido sin cuestionarlo, no ha logrado aún hacer avanzar la especie, en el camino de elevación en planos sutiles que, por ahora, puede denominarse espiritualidad y que responde a la pregunta ¿Para qué es así?

La mayoría de los seres humanos en el actual momento de su evolución, se acomodan a lo aprendido, por diversas razones. Entre ellas podríamos mencionar: porque "es más fácil que complicarse tanto la vida"; o bien porque quién lo ha dicho goza de un cierto nivel de autoridad conferido por el mismo grupo humano; o porque quien se los dijo, es muy hábil para engañarlos, o porque la fuente de lo aprendido, no se puede cuestionar so pena de un castigo enorme. En sintesis: porque existe un modelamiento muy complejo de enfrentar, desde una consciencia rutinaria, que no contrasta, ni confronta.

El físico teórico Richard Feynman (1918 - 1988) lo expresó de la siguiente manera:

*"El problema no es que la gente carezca de educación, el problema es que las personas están suficientemente bien educadas para "**creer**" lo que se les ha enseñado, pero no están suficientemente educadas para "**cuestionar**" lo que se les ha enseñado".*

Y Pyotr D. Ouspesky (1878 – 1947), concluye que:

"Solo unos pocos tienen interés en utilizar esta vida para desentrañar su esencia y desarrollar su alma. Muchos mueren como llegaron."

El Mentor de mentores Nelson de J. Rueda R., en este libro, llama nuestra atención sobre el aspecto central de la existencia humana:

"*El tema vital de la existencia se centra en encontrarle sentido al peregrinaje universal, y a las circunstancias que lo rodean***".**

Y nos invita, "con la mente que observa la mente" a que:

"...estemos en presente, en aceptación y comprensión, para que recorramos juntos este camino, partiendo de los testimonios nacidos de mi propia experiencia, y a disfrutar de tu propio viaje de descubrimiento vital, el cual resultará esencial para que este libro realmente cumpla su cometido."

En la metodología que Nelson de J. emplea, aplica los principios nucleares del Mentoring, como bien lo explica en su guía funcional La Red Global de Mentores: "La motivación ética de la Mentoría queda así concebida como la labor de un personaje externo que orienta y acompaña el crecimiento interno – externo de otro ser. El primero con la autoridad que nace de haber transitado por un sendero y haber convertido los aprendizajes que le aportó ese sendero en conocimiento, destreza, habilidad, carácter, cuidado y coherencia, es decir en sabiduría; la cual decide poner, con voluntad de servicio, a disposición del segundo, un ser que quiere dejarse inspirar y guiar por otro, para convertirse en una mejor versión de sí mismo".

Todo ello englobado en la "economía del alma", basada en **valores, consciencia y responsabilidad**.

Invito a los lectores a elaborar su propio conocimiento de los contenidos de este libro y apropiarse de ellos, con una lectura en la cual su mente esté plenamente consciente.

Ingo. Juan Gonzalo Londoño Jaramillo.

EL TEMA VITAL DE LA EXISTENCIA

EXISTENCIA

PREFACIO

El tema vital de la existencia se centra en encontrarle sentido al peregrinaje universal, y a las circunstancias que lo rodean.

Si le encontramos sentido a la vida habremos encontrado la misión de nuestra alma, y la razón de ser de la actual fase de nuestro devenir como seres humanos.

Si encontramos la razón de ser, en esta etapa de nuestro devenir, habrá valido la pena haber venido a este planeta, en este momento de su historia.

Sentido, razón de ser, peregrinaje, devenir, todo ello está atado por un velo, un verdadero nudo gordiano, cuyo primer cabo es el de **realidad** y el segundo es el de **posibilidad**.

A desentrañar todo esto, para desatar el nudo, va dedicado este esfuerzo, reflexivo, de sensaciones, emociones, y sentimientos, traducidos a pensamientos.

En este tiempo en el que somos, te invito a que estemos en presente, en aceptación y comprensión, para que recorramos juntos este camino, partiendo de los testimonios nacidos de mi propia experiencia, y a disfrutar de tu propio viaje de descubrimiento vital, el cual resultará esencial para que este libro realmente cumpla su cometido.

PRESENTACIÓN

Aquí, en estas páginas, testimoniaré mi "individualidad", al recorrer contigo "el guion" de mi vida, y lo que en apariencia está escondido detrás de cada escena. No obstante, tú estarás enfrentándote a lo que, a ti, y a mí, nos sucedió **"verdaderamente",** *tanto como a tus* **"fantasmas"** *... es decir a lo que se siente, se imagina, presiente y se deduce.*

Por ello este libro puede que te resulte profundamente terapéutico, aunque no es esta, de manera alguna, su pretensión.

Muchas veces, a lo largo de nuestra existencia, en un día de esos en los cuales la parte intuitiva de nuestro cerebro decide danzar con nuestra parte racional, invitándonos a retirarnos a nuestro interior para reflexionar, sentimos que se aproximan nuevos ritmos estacionales para nuestra existencia y que, por tanto, ha llegado la hora de prepararnos a traspasar nuevas puertas en el sendero de nuestras vidas...

Creemos en las causalidades y por esto afinamos nuestros sentidos para descubrir nuevos caminos y preguntamos al Universo por aquello que tiene destinado para nosotros... y así, un día cualquiera aparece "un maestro", le prestamos atención y nos ponemos en acción.

Guiados por cualquier tipo de invitación de los Maestros que nos acompañan en este peregrinaje, por ejemplo, la del Dalai Lama: ***"No intentes usar lo que has aprendido del budismo para ser un budista; úsalo para ser mejor persona de lo que ya eres"*** nos vamos introduciendo en el nuevo paradigma, de consciencia y de sabiduría, propuesto por las diferentes llamadas a la consciencia y vamos realizando las travesías de vivencias a las cuales se nos invita.

Lo primero que descubrimos es nuestra natural tendencia a instalarnos en nuestras mentes pensantes, a razonarlo todo. Y, si somos críticos, veremos que muy pocas cosas son realmente nuestras.

Somos un fruto de la familia, los contextos en los cuales crecimos, la formación académica y el modelamiento, tanto social como ocupacional. Por eso terminamos viviendo como dentro de una cápsula, que nos impide expresarnos, de verdad, desde nuestras sensaciones y estados emocionales y, por tanto, nos aislamos de esa dimensión holística de la verdadera existencia, que nos invita a conectar integrando.

Este libro apunta a develar nuestra natural tendencia a correr por las naturales vías de escape, nuestros pensamientos, y nos mostrará que es necesario, para el éxito del proceso, confrontar la rigidez con la rigurosidad, la intención con el propósito, el niño con el adulto, la creencia con la certeza, la interpretación con la mirada neutral. Por ello es una invitación a vaciar, ser y permitir…

A través del avance por el proceso reflexivo iremos comprendiendo, como lo enseñaba Rumi, que *"es la lluvia la que hace crecer las flores, no los truenos."*

A medida que vayas leyendo te propongo que hagas tuyo el proceso. Yo me expondré ante ti, entregándote mi alma y vida, esperando que tu vivas el proceso, con mente de principiante, al danzar en los contenidos que te expresaré, los cuales pretenden ser unos despertadores para tu propia consciencia, tal cual lo fueron para mí.

Inicia preguntándote si sientes que realmente estás viviendo antes de morir; qué tanto vives cada día desde el camino de la atención plena, es decir dándote cuenta de los que está sucediendo, mientras está sucediendo. Si de verdad te conoces a ti mismo, pues este es el primer paso de cualquier proceso personal de transformación. Asumiendo que cargamos la mochila evolutiva de la especie, ¿sabes que existe un excelente antídoto para el estrés, que se llama práctica de la atención plena?

Vamos a recorrer el pienso luego existo, con la mente que observa la mente, sabiendo que nacimos para sentir, desde la inteligencia del corazón, el altruismo, la empatía, la compasión, y la mente sabia que integra todo lo anterior.

Será revelador este mandato: ''Todo lo que somos tiene derecho a ser.'' Por ello, vamos a comprender que el obstáculo es el camino y cuáles son los verdaderos desafíos a los cuales nos enfrentamos, al recorrer en la fuerza de la fragilidad, con conciencia en la respiración, el saber que "ya hemos llegado".

Explorar desde nuestros ritmos naturales, libres de expectativas, aprendiendo a volar, deseando con liviandad, en autoconocimiento, para evidenciar el milagro, la confianza, la comparación, el cultivo de la paciencia, la verdad y las palabras que conducen a sentir y a pensar, serán estaciones necesarias.

Te invito a que, sin exponernos a riesgos innecesarios, reavivando nuestra capacidad de asombro, y comprendiendo nuestras interdependencias, hagamos el recorrido que vamos a emprender, sabiendo que este será un camino maravilloso de avance en consciencia.

De mi testimonio de vida nacieron las primeras páginas de este libro y su contenido transitara por los múltiples pasajes de tu propia vida, si así te lo permites.

La invitación es a que, al abrir la mente, te hagas amigo de tus sensaciones, para que puedas comprender las emociones que te habitan, como expresión de la tensión de los contrarios, que guía a la unidad con el infinito.

Abriendo nuestras mentes aprenderemos a desarrollar un pensamiento útil, desde la danza del vacío, soltando el ego para volver a lo simple, apreciando el valor de despertar, desde el no saber.

Abriendo la mente, libres de prejuicios, podemos darnos el permiso de escuchar, de decir No, y de hacer espacio al derecho de cambiar, sabiendo que somos el que conoce.

Y en la alegría de la interconexión, aprenderemos a valorar la presencia que observa el tú-yo- nosotros, para construir una escucha con atención plena, un hablar de manera consciente, concisa y clara, y así contribuir a la elevación de la conciencia personal y grupal. Si caminas a mi lado, este esfuerzo estará justificado y mis largas horas de reflexión y acción habrán tenido sentido, porque **¡cambiaremos el mundo, cambiándonos!**

Desde los mecanismos atencionales, de consciencia y de acción, en el plano de lo real, te invito a observar cómo todo lo vivido ha sido perfecto porque, como dice el médico Jorge Carvajal P.

"El mundo no es tan objetivo como hemos pretendido porque el sujeto lo esta modificando. Ni el sujeto es tan subjetivo porque está siendo modificado por el entorno objetivo.

Aquí lo que prima es un proceso de permanente cambio en el que sujetos y objetos se modifican permanentemente, y en su interacción desparece a dualidad".

Al mirar las consecuencias de lo transitado, en los maravillosos procesos de aprendizaje vital, podemos concluir que sin ellos no hubiéramos podido leer, entender, comprender, por experimentación, implicación y compromiso, en equilibrio y serenidad, el que sí es posible **pasar del modo hacer al modo sentir,** haciendo que nuestros nudos se desaten, con el disfrute del momento presente, mediante la economía del alma, basada en **valores, consciencia y responsabilidad.**

Para cerrar esta introducción, te invito a comprender que **cada nivel de consciencia, cuando es plenamente alcanzado**, resulta de la integración y asimilación de los niveles precedentes, y, por tanto, que el nudo de la existencia se desata **con Presencia Plena**...

Dado que es esta presencia la que hace posible comprender el Tema Vital de la Existencia, el cual se expresa en **El sentido de la misión de vida,** que consiste en recorrer el camino que nos resta, en actitud de presencia y compromiso, con la evolución en la materia y con la elevación en el mundo del Espíritu.

Bienvenido a este recorrido... ¡Acompáñame tú en mis vivencias, mientras yo te acompaño para que, en tu propio proceso de reflexión – acción, pintes el paisaje de tu propia vida y conquistes el tiempo de este instante!

Nelson de J. Rueda Restrepo

EL NUDO GORDIANO

"La expresión **nudo gordiano** procede de una leyenda griega según la cual los habitantes de Frigia (región de Anatolia), en la actual Turquía necesitaban elegir rey, por lo que consultaron al oráculo. Éste respondió que el nuevo soberano sería quien entrase por la Puerta del Este, acompañado de un cuervo posado sobre su carro. El que cumplió las condiciones fue Gordias, un labrador que tenía por toda riqueza su carreta y sus bueyes. Cuando le eligieron monarca, fundó la ciudad de Gordio y, en señal de agradecimiento, ofreció al templo de Zeus su carro, atando la lanza y el yugo con un nudo cuyos cabos se escondían en el interior, tan complicado que nadie podía desatarlo. Según se dijo entonces, aquel que lo consiguiese conquistaría toda Asia".

"Cuando Alejandro Magno (356–323 a. C.) se dirigía a conquistar el Imperio Persa, en el 333 a.C., tras cruzar el Helesponto, conquistó Frigia, donde le enfrentaron al reto de desatar el nudo. Solucionó el problema cortándolo con su espada, diciendo: «Es lo mismo cortarlo que desatarlo». Esa noche hubo una tormenta de rayos que simbolizó, según Alejandro, que Zeus estaba de acuerdo con la solución''.

https://es.wikipedia.org/wiki/Nudo_gordiano

I. EL NUDO INICIA SU PROCESO DE GESTACIÓN... NUESTROS ANCESTROS

*"**Las exigencias hacia los padres van en contra de la vida, del deseo de evolucionar, de ser creativos.** Solo podemos evolucionar gracias a que nuestros padres han sido imperfectos. Las dificultades son la fuente de la fuerza que nos hace actuar y evolucionar. Por lo tanto, ¡dichosos los que han tenido padres imperfectos"!*

— BERT HELLINGER

CURIOSIDADES

- Si retrocedemos 20 generaciones ¿Cuántos millones de antepasados tenemos? ... La respuesta es sorprendente: 2.097.152 ... y de esta cadena transgeneracional hemos recibido un fuerte legado, que se expresa en nuestras vidas como "mandatos" familiares.

- ¿Sabías que detrás de tu historia ancestral y familiar se encuentra una buena dosis de "la explicación" de tus patrones de comportamiento y de tus "imaginarios"?

PREGUNTAS

- ¿Qué es la herencia ancestral?
- ¿Qué heredamos de nuestros ancestros?
- ¿Cuánto ADN heredamos de nuestros abuelos?

CONTEXTO

"Lo que es callado en la primera generación, la segunda lo lleva en el cuerpo"

— *FRANCOISE DOLTO.*
PSICOANALISTA FRANCESA.

"How old are you?" ... "Tal vez no tenga sentido responder a esta pregunta con el número de tus años. ¿Cómo te haces mayor? ¿Cuánta vida llevas en tus años? Más allá de la edad cronológica y la biológica, ¿cuál puede ser tu edad psicológica, ¿tu edad espiritual?, ¿has cumplido y puedes confesar como el poeta que has vivido? ¿Sigues vivo como el río que fluye o te has quedado congelado en el" ...

— JORGE CARVAJAL P.

Todos formamos parte de un sistema familiar, marcado por "reglas y mandatos", muchas veces intransigentes e impositivos, que se quedan en nuestro inconsciente para determinar nuestras reacciones y luego guiar nuestra existencia, y por ende el rumbo de nuestras vidas.

Si no tomamos consciencia de ello viviremos una vida marcada por los "secretos" ancestrales, por nuestras conductas reactivas, y por nuestras actitudes "pagadoras de deudas" del pasado. Por el contrario, si hacemos consciente lo inconsciente, es decir, si nos damos cuenta de los hilos conductores de nuestra existencia y vamos jalando de ellos para descubrir que nos van mostrando, entonces nos liberaremos y actuaremos desde una presencia consciente que, si bien nos conecta con nuestros ancestros, también nos da nuevas alas de superación.

Somos menos libres de lo que creemos. Desde que nacemos comenzamos a escribir una historia "individual", que más pareciera la continuidad de una historia familiar, porque al observar nuestro entorno podemos concluir que hacemos parte de una historia más amplia, inconsciente, que se ha escrito a lo largo de diferentes generaciones y que nos lleva a repetir muchas cosas, de manera bastante inconsciente.

Heredamos los genes de nuestros ancestros y con ellos toda la historia de nuestro árbol genealógico. Según la genética y la epigenética, los ancestros nos legan su identidad étnica, su historia, su ADN, las tradiciones, la cultura. y mucho más, lo cual se expresa en nosotros en forma de rasgos, tendencias, aptitudes, intereses, valores, pasatiempos y un largo etc...

VIVENCIA

Para contextualizar la reflexión que contiene este libro te iré compartiendo un poco de mi propia historia, a veces con "hechos objetivos" y otras con mis "juicios e interpretaciones" de las situaciones.

Te pido que a medida que vayas leyendo vayas reconstruyendo también tus vivencias, para que este texto adquiera vida y sentido para ti también.

Mis abuelos maternos, tuvieron más de veinte hijos. Constituyeron una de esas típicas familias patriarcales antioqueñas. Mi madre, la sexta en el orden de dichos hijos, una mujer simple y plena de mansedumbre. El abuelo deja esta dimensión a sus 62 años, cuando yo tengo 4 años, la abuela igualmente a sus 62 años, cuando yo tengo 12.

De mi abuelo materno recuerdo su hacienda, de la cual sale expulsado y expropiado por la guerrilla, su almacén de abarrotes y farmacia en el marco de la plaza del pueblo, además de su imagen en el lecho de muerte.

De la abuela su figura sólida, su principio de autoridad, su tendencia a castigar físicamente a sus hijos y su posición dura y crítica conmigo, nacida de lo que siempre creí una proyección de ella sobre mi padre, a quién mis abuelos maternos tuvieron como un hijo de crianza, es decir como uno más de sus hijos, desde su muy temprana infancia.

Mi infancia estuvo muy asociada con las experiencias en torno a la familia de mi madre. Casas enormes, mucha familia rondando por ellas, primos de mí misma edad, etc.

Mis abuelos paternos, tuvieron un solo hijo, mi padre. Ella muere cuando él tiene tres años. Mi abuelo paterno, un hombre dedicado a la agricultura, se entrega al licor y a vivir sobre la montura de un caballo durante los tres años siguientes, con mi padre al anca del caballo. Luego se va a vivir con una mujer a quién llaman "la bruja", a ella entrega la crianza de mi padre, niño al cual ella no quiere y al cual le da una vida de penurias, como cuenta de cobro a un esposo que se convierte en una figura fantasmagórica, para ella. Mi abuelo tiene tres hijos de esta relación, y va a una nueva experiencia de vida, para tener con ella dos hijos más, de los cuales no tuvimos nunca conocimiento, más allá de que existieron. Murió a los 82 años, cuando yo cruzaba ya por mis 28 años. Mi padre y yo, por designio de la vida, estuvimos presentes en el momento de su muerte.

Una anécdota bien particular de esta muerte es que una vez que el médico declara clínicamente muerto a mi abuelo, sus hijas, allí presentes, entraron en un "alboroto enorme" doliéndose por todo lo que por él no habían hecho en vida.

Y habrían pasado unos diez minutos del deceso clínico cuando él, ¡reviviendo!, levantó su cabeza, las miro y les dijo: *"Déjenme morir tranquilo"* y de nuevo exhalo su último suspiro.

Si alguien me lo cuenta yo muy seguramente no lo creería, pero estuve allí, fui testigo de lo que sucedió y sé que fue así, no lo soñé, ¡lo viví!

Una experiencia fuertemente marcante para quienes allí nos encontrábamos. Mi padre y yo lo conservamos y conversamos, durante algún tiempo, como una vivencia de mucho aprendizaje en torno al comportamiento que se debe tener ante el lecho de muerte de otros seres humanos.

De la familia de la abuela paterna no conocimos nada. Y diría que de esta vertiente de mi historia solo tengo interrogantes, sin resolver.

CLAVE PARA DESATAR
EL NUDO

Quizá, recorrer el camino que nos haga posible el conocimiento de nuestros ancestros nos lleve al entendimiento de la herencia emocional proveniente, primero de nuestros tatarabuelos, bisabuelos y abuelos, y después de nuestros padres.

Este conocimiento se constituye en el punto de mayor incidencia al iniciar el viaje hacia la consciencia, porque *"no se olvida, sino que se reprime el recuerdo, y todo lo reprimido retorna, por la vía de la repetición".*

De allí la importancia de observarnos a nosotros mismos, para luego recomponer nuestra manera de pensar y de pensar-nos.

Lo anterior se logra reconociendo primero los comportamientos de nuestros ancestros, para luego hacernos cargo de aquello que cae bajo el dominio de nuestra responsabilidad, y vivir "actuando por voluntad", es decir responsabilizándonos, mediante la toma de "decisiones funcionales", aquellas que nos posibilitan actuar dentro de las reglas éticas o morales de un sistema, y no por la natural reactividad que se activa como consecuencia de los "mandatos" familiares, que nos han llevado a una vida que se transita desde la más profunda inconsciencia, siguiendo opiniones, reglas y mandatos que, paradójicamente, nos llevan de nudo en nudo.

EJERCICIOS DE INDAGACIÓN Y APLICACIÓN

"Idealizar significa no aceptar la realidad del universo, y cuando yo no acepto algo, el resultado de la no aceptación tiene un solo nombre: sufrimiento, culpa, angustia, agresión, porque yo culpo a los demás de que las cosas no me funcionan o me culpo a mí mismo de que no soy capaz; en ambos casos estoy cometiendo error doble.

Ni los demás son culpables ni yo tampoco, hay algo más simple que eso: no sé cómo ser feliz y como no sé cómo ser feliz, trato de cambiar lo de afuera para sentirme feliz, pero me estrello porque no puedo cambiarlo, porque lo que quiero no es el orden del universo".

La anterior es una reflexión, de Gerardo Schmedling, expuesta en su libro Aceptología, la cual concluye con una pregunta: *¿Qué necesitaría hacer yo para solucionar este problema?"*

Iniciemos este ejercicio con esa pregunta. Luego de responderla, continuemos: **¡Despierta en tu presente!**, toma posesión de ti mismo, cambia tu nivel de **¡víctima de otras víctimas!**, supera la relación de verdugos y víctimas, que solo lleva a la culpa y al victimismo, y **experimenta la genuina libertad que viene de adentro**, de tu potencial interno.

Toma posesión de tu responsabilidad en el día a día y vive cada día conscientemente. Para ello:

1. Reconstruye, tanto como puedas, tu historia ancestral. Busca los patrones en las ocupaciones de tu familia, los trabajos realizados, sus valores, intereses y habilidades, los objetos que tienden a conservar, el tipo de fotos que conservan,

los valores o sentimientos más destacables, etc....

2. Básate para ello en el siguiente cuadro, reconstruye el árbol de tus antepasados directos. Indaga un poco en torno a cada persona integrante de dicho cuadro.

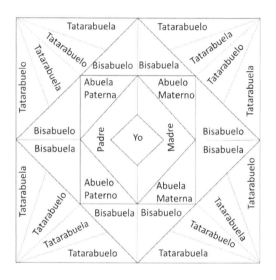

Fuente: https://www.abueling.com/blog/como-dibujar-arbol-genealogico/

1. Obsérvate en tus comportamientos, sin juicio, sin condena y sin sanción. Date cuenta de todo aquello que estás repitiendo, tomado inconscientemente de ellos.

2. Profundiza en el conocimiento de las características de comportamiento de tus ancestros y en los eventos más trascendentes de sus vidas. Luego obsérvate y saca algunas conclusiones sobre tu propio modo de ser y actuar en el mundo, como reflejo de esa historia que descubres.

3. Revisa cada una de tus creencias, mentales y emocionales, incrustadas tanto en tu alma, como en tu corazón, frente al tema expuesto y, recordando que ellas dictan tus acciones, no caigas en sus trampas.

4. Limpia tu mente, despierta tu consciencia, piensa que todo tiene significado en el Universo y que tú no puedes caminar en la vida a la deriva, sin lo que tu alma debe saber y recordar, es decir asume que tus ancestros vivieron los procesos que vivieron para aportarte el estímulo positivo de comprender y actuar teniendo control de ti mismo, reflexionando, manifestando emociones y estados de ánimo positivos; viendo y viviendo tu vida desde otro punto de vista, que es el que fomenta tu

percepción, interés y comprensión de la existencia, como un proceso evolutivo.

5. Revisa cada una de tus creencias, mentales y emocionales, incrustadas tanto en tu alma, como en tu corazón, frente al tema expuesto y, recordando que ellas dictan tus acciones, no caigas en sus trampas.

6. Limpia tu mente, despierta tu consciencia, piensa que todo tiene significado en el Universo y que tú no puedes caminar en la vida a la deriva, sin lo que tu alma debe saber y recordar, es decir asume que tus ancestros vivieron los procesos que vivieron para aportarte el estímulo positivo de comprender y actuar teniendo control de ti mismo, reflexionando, manifestando emociones y estados de ánimo positivos; viendo y viviendo tu vida desde otro punto de vista, que es el que fomenta tu percepción, interés y comprensión de la existencia, como un proceso evolutivo.

II. EL VIAJE RECOMIENZA... SOBREVIVIR ES LA CONSIGNA

*"Al final del camino de tu vida, te das cuenta de tus decisiones a lo largo de él. **No esperes al final para encontrar el verdadero significado de tu vida.**"*

— ROBERTO MONTES

CURIOSIDADES

- Según los astrólogos el signo del zodíaco determina muchas de las características de nuestra personalidad y la hora del nacimiento brinda las claves para descubrir el "don" que se viene a desplegar en la vida y el hacia donde se dirige la vacación que realizaremos en esta etapa de la existencia.
- El doctor Ali Benazir, de la Universidad de Harvard, https://www.europapress.es/portaltic/portalgeek/noticia-probabilidad-existieses-casi-cero-20141003133644.html, nos aporta los siguientes datos:
- La probabilidad de nacer se expresa en porcentaje y responde a la siguiente fórmula: Probabilidad = casos

favorables/casos posibles x 100. Para nuestro caso la probabilidad de que naciéramos es 1 entre 40.000 trillones...Es decir, el que hayamos nacido es todo un acontecimiento: Primero nuestros ancestros tuvieron que nacer, crecer y reproducirse, para que luego confluyeran todas las fuerzas que hicieran posible nuestra llegada a este planeta, en este espacio de tiempo - vida.

- Nuestro padre pudo haber conocido a nuestra madre entre 200 millones de mujeres, nuestra madre tiene 100.000 óvulos fértiles durante toda su vida y nuestro padre genera aproximadamente unos 400.000 trillones de espermatozoides, razón por la cual la probabilidad de que tú o yo seamos los concebidos es de 1 entre 400.000 trillones.

PREGUNTAS

- ¿Qué incidencia tiene el lugar y la hora de nacimiento en nuestras vidas?
- ¿Qué importancia reviste nuestro nombre?
- ¿Qué lugar ocupas en tu grupo familiar?

CONTEXTO

LA VIDA

¿Quién podría, con certeza, negar la existencia de la evidencia de la vida, cuando ella, en si misma es una presencia, evidenciable por nuestros cinco sentidos?... La ciencia aún reconoce que el origen de la vida es un misterio, pues cada teoría filosófica o teológica esbozada sobre dicho origen podría evidenciar carencias a la hora de su verificación científica, lo cual es suficiente para entrar en la incertidumbre propia de las interpretaciones, creencias y sentimientos al respecto. No obstante, nuestra vida es un hecho incontrovertible que debe ser asumido como una realidad dentro de la cual avanzamos día a día, no solo como expresión material, sino y además como una fuerza invisible que la anima. A la vida no se la puede mirar desde un solo lado, es imprescindible verla desde muchos ángulos y con una visión amplia y holística, pues en nuestra vida y entornos todo es proceso y en los procesos necesitamos conocer, comprender, confrontar y trabajar para transformar. Existe una ley de la vida terrenal: la constante batalla para sobrevivir, vencer, conquistar, poseer, alcanzar, etc. Al enfrentar los anteriores desafíos, tenemos tres caminos:

1) Desde el **instinto y sensación**, comportarnos como almas densas y oscuras que se victimizan, que no los enfrentan, sino que huyen, escapan, sintiéndose inferiores y luego quejándose "de la suerte" que les tocó vivir, en medio de emociones enmarañadas, revueltas y confundidas.

2) Enfrentarlos, **desde lo material**, en función de resolverlos y disfrutar de la superación de ellos, logrando el mejoramiento de nuestras condiciones vitales, y

3) Desde la **integridad, conocimiento e integración**, levantar nuestra frecuencia y vibración, para colocarnos ante la vida con una

actitud tal que hagamos de esos desafíos motivo de fortalecimiento del alma y del espíritu, buscando encausarlos, definirlos, determinarlos, fijarlos y resolverlos, mediante el entendimiento y el trabajo, comportándonos como seres que piensan, razonan, escogen, deciden y más...

De lo afirmado, podemos inferir que el arte de vivir nos demanda presencia y consciencia, es decir sabiduría, para asumir cada día como aquel que se nos ha regalado para nuestra evolución y elevación, desde el asumir lo interno como fuente de conocimiento total de nosotros mismos, desde nuestros sentimientos, emociones, creencias, y lo externo como la demanda de aceptación y respeto por todo cuanto existe. Lo uno y lo otro marcando nuestro destino, misión y función, dentro de una cultura que nos determina derechos y demanda comportamientos.

LA FAMILIA

"El inconsciente se asegura de que nos parezcamos a la familia, repitiendo patrones ... El ego es quien realiza esa repetición,

convirtiéndolo en patrón. El inconsciente puede ser nuestro aliado para acabar con esa repetición".

— CARL J. JUNG

Todos los habitantes de este planeta estamos interconectados de una o de otra manera. Juntos constituimos una gran familia estelar, que hace que lo que sucede en cualquier lugar del planeta lo sintamos todos y nos afecte a todos.

A un nivel más pequeño existe el núcleo familiar conocido como el grupo de consanguinidad. La familia constituye una sociedad fraternal, y por ello se le denomina "el núcleo de la sociedad". Representa una comunidad integral, que se consolida desde el compartir lazos afectivos, economía, vivencias, valores y pautas de conducta, etc.

Cada miembro de la familia desempeña un rol diferente en la misma y esa es la razón por la cual los comportamientos de cada integrante de la misma son diferentes.

Tener hermanos es de gran utilidad para aprender a socializar desde tempranas horas de la vida y para desarrollar habilidades de relacionamiento con ellos en su calidad de iguales, a la vez que, desde la peculiaridad de la competencia que se da entre hermanos, aprendemos a reforzar la convivencia, la complicidad y la sobrevivencia.

Siempre se ha dicho que a todos los hijos los padres los quieren por igual, sin embargo, es indudable que existen matices en ese querer, porque somos tan diferentes, y nuestros padres también lo son, que es inevitable que los tratos hacia los hijos se den de una manera sutilmente diferenciable.

LA FECHA DE NACIMIENTO

Resulta interesante investigar el lugar, día y hora de nuestro nacimiento, porque de ello se deriva la influencia que ejercen los elementos tierra, fuego, agua y aire en nuestros comportamientos vitales.

Para el común de los seres humanos estos elementos se expresan, en la astrología, como signos zodiacales y a ellos se da preponderancia a la hora de definir temperamentos y comportamientos.

Sin embargo, aquí quisiéramos destacar otra tipología de pensamiento, la cual nos lleva a comprender que todos trabajamos con un elemento dominante, el cual se expresa en nuestros comportamientos.

"Así por ejemplo quienes viven desde el elemento tierra son primarios, materialistas y densos".

"Quienes desarrollan en sí mismos comportamientos asociados a los elementos tierra y fuego, se comportan adicionalmente de manera emotiva".

"Aquellos que desarrollan la triada tierra-fuego y agua son seres que ya "escogieron" elevarse en frecuencia y vibración, a través de trabajar en sus emociones, a través del fuego de la vida, y por tanto están listos para descubrir quiénes son y a donde van".

"En el cuarto grupo estarán los que ya tienen incorporados en sus comportamientos los cuatro elementos y por eso emanan una fuerte energía de alma".

"Y aún quedará un quinto grupo de seres humanos, muy especiales, porque incorporarán a su comportamiento un quinto elemento, el éter, y, por tanto, serán seres de una alta espiritualidad".

EL SER UNO

Según la Ciencia Espiritual, la cual puede ser consultada en los libros de EL SER UNO, después del año 2014, los signos cambiaron y las cartas astrológicas deberán leerse al revés (de cabeza). Debido a las nuevas energías que comandarán nuestras vidas de ahora en adelante. Por ejemplo: A partir del año 2014 los seres que han despertado su consciencia, sentirán cambios profundos y marcantes, dentro del interior de sus almas. Estos cambios se producirán porque astrológicamente habrá cambios energéticos, ya que se estará produciendo como sabemos un Alineamiento Cósmico de proporciones gigantescas. El cambio del eje energético en cada uno de nosotros significa que lo negativo del signo que nos rige, se convertirá en lo positivo del signo opuesto. Por ejemplo:

- Aries ... Libra
- Tauro ... Escorpio
- Géminis ... Sagitario
- Cáncer ... Capricornio
- Leo ... Acuario
- Virgo ... Piscis
- Libra ... Aries

- Escorpio ... Tauro
- Sagitario ... Géminis
- Capricornio ... Cáncer
- Acuario ... Leo
- Piscis ... Virgo

En el libro IV de EL SER UNO, se nos brindan unos ejemplos:

"Aries negativo - Impacientes, Impulsivos, dominantes, imprudentes, irritables, violentos, intolerantes, inconstantes, irreflexivos, impertinentes, bruscos, anti diplomáticos, agresivos.

El ser deberá transmutarlo por el opuesto, es decir, **Libra Positivo**: Son hábiles en las relaciones interpersonales, cooperativos, sociables, delicados, refinados, con gran sensibilidad artística, preocupados por los demás, le dan mucha importancia a la relación de pareja y al trabajo en equipo, tienen un gran sentido de la estética, amables, mediadores, pacificadores, sibaritas.

Libra Negativo - Indecisos, inconstantes, frívolos, variables, influenciables, superficiales, coquetos, oscilan entre dos extremos, perezosos, indolentes, temen comprometerse y tomar partido, apáticos, miedosos y ávidos de admiración.

El ser deberá transmutarlo por el opuesto, **Aries Positivo** - No dependen de la aprobación social, por ello son pioneros, son emprendedores, dinámicos, de iniciativa, compensan su impaciencia y su falta de persistencia y de tesón con un alto nivel de energía, Son combativos, apasionados, con su entusiasmo estimulan a los demás, independientes, activos, audaces, originales, aventureros. Son de reacción rápida, confían en su fuerza y no piensan en los obstáculos, son luchadores, emotivos, de extremos: odian o aman con intensidad. Tienen una gran autovaloración y autodisciplina. No les va un trabajo lento ni rutinario, amantes de los desafíos, enérgicos, descomplicados, heroicos.

Tauro Negativo - Avaros, tercos, coléricos, excesivamente tradicionales, lentos, de acción retardada, gusto por el dinero fácil, rencorosos, celosos, posesivos, restrictivos, materialistas.

El ser deberá transmutarlo por el opuesto, **Escorpio Positivo** - Son de mente analítica e investigadora, poseen gran capacidad de razonamiento y psicología natural, intuitivos, autocríticos, intensos en sus sentimientos y emociones, curiosos, muy imaginativos, porfiados, enérgicos, perspicaces, vitales, gran capacidad de resistencia física, penetrantes, determinados, no aceptan términos medios, gran poder de seducción, magnéticos, misteriosos".

LA POSICIÓN EN LA FAMILIA

De otro lado, el lugar que se ocupa al nacer en una determinada familia, determina muchos de nuestros comportamientos surgidos de las energías pensamiento que nos acompañan en el proceso de desarrollo, las cuales se van manifestando sutilmente en ritmos, frecuencias, etc.

Por regla general el hijo mayor recibe más y mejor calidad de tiempo que los demás hermanos; sobre él se vuelcan los ideales de los padres y de los abuelos y, por ser el mayor, se le exige más responsabilidad y por supuesto es al que más reglas y ordenes se imponen.

El segundo hijo es más independiente que el mayor, vive una vida que oscila entre el compañerismo y la rivalidad con él, y no conflictúa con el seguir reglas. Suele ser inconforme, indisciplinado, sociable, abierto y original y no tiene las presiones del mayor. A los terceros hijos se les consciente más. Tienden a comportarse como seres más independientes, aunque algunas veces se muestren inseguros, comodones y desmotivados.

Luego vendrán los restantes hermanos. Serán equivalentes a los hijos "sándwich", los cuales rápidamente se percatan de que sus padres no tienen suficiente tiempo para ellos, y por tanto aprenden de sus hermanos, los cuales asumen como modelos a seguir, esto los hace más perceptivos. Se apoyan en los mayores para abrirse camino ante sus padres y en los menores para mantener y prolongar el juego.

Finalmente, está el hijo "Benjamín" el cual recibe sobreprotección y por ello desarrolla capacidad de manipulación en su beneficio. Tiende a comportarse de manera optimista, confiada, juguetona y audaz.

A este respecto existe una interesante investigación de Martha Virginia Escobarí Cardozo, la cual vale la pena consultar en la Revista de investigación Psicológica Nº 17 y la cual se encuentra en la siguiente dirección:

http://www.scielo.org.bo/scielo.php?script=
sci_arttext&pid=S2223-
30322017000100005#:~:text=vi)%20Lideraz-
go%20y%20Familia,esfuerce%20por%20conse-
guir%20m%C3%A1s%20%C3%A9xito.

EL NOMBRE QUE NOS IDENTIFICA

---

*"El despertar de la consciencia es el encuentro
amoroso contigo mismo"*

El significado del nombre que nos fue asignado, se convierte en una muy poderosa vibración energética y desde allí podremos inferir una serie de características, aparentemente propias de la personalidad a través de la cual nos expresamos.

Queda así claro que nuestra vida es un recorrido y que nuestra energía vital recorre un camino de evolución y elevación, que tiene causas y efectos de nuestras acciones, visibles según las diferentes creencias en divinidades, o en nuestras creencias cósmicas, cualesquiera que estas sean.

VIVENCIA

Es viernes 16 de junio de 1950. En Colombia, son las 8:03 minutos de la mañana, la partera anuncia a mis padres que ha nacido un varón. Ya respiré, por primera vez, fuera del vientre materno.

En el viaje del zodíaco, desde su nacimiento Aries, hasta su disolución Piscis, me correspondió llegar en Géminis... ¿será cierto que de allí deriven mis cualidades, fortalezas, debilidades y características? Lo cierto es que he asumido la vida como un juego que debo jugar, he buscado el lado más amable de la vida y todo lo he convertido en un proyecto basado en la abundancia y en la generosidad.

Mi padre ya tenía decidido un nombre para identificarme, yo, sería llamado Nelson de Jesús...

¿QUÉ SIGNIFICARÍA PARA MI EXISTENCIA SER NOMINADO NELSON?

*Nelson es el patronímico del nombre Neil. La raíz **Nel** hace referencia a Neil, y **son** es hijo. Literalmente se traduce como "el hijo de Neil." Como el significado de Neil es "héroe", se puede inferir que Nelson significa "hijo del héroe" o "hijo del campeón".*

Utilizado por primera vez como un apellido, el nombre de Nelson es altamente prevalente en los países anglosajones, especialmente en Escocia e Inglaterra. Debe su fama a Lord Nelson, famoso almirante británico. Su uso como nombre de pila se popularizó a partir de aproximadamente 1800.

https://elsignificadode.com/nelson

¿De dónde, por qué y cuándo salió el complemento de Jesús?... una consecuencia de las costumbres colombianas, más propiamente de la región denominada "los paisas", ... en ella era inconcebible un nombre de pila sin un complemento religioso, el cual normalmente surgía en el denominado santoral de la iglesia católica. De suerte no me asignaron, por segundo nombre, el Aureliano, Benón, Ferreol, Quírico, Similiano o Ticón, que eran los que correspondían, en el santoral católico, a ese día 16 de junio, en el cual nací.

Me han antecedido, en la llegada a esta escuela de vivencia y experiencia, dos hermanas.

Mis padres esperaban que su tercer embarazo trajera a la vida un varón. Para mi madre soy el tercer hijo. Para mi padre fue como si hubiera llegado el primogénito, en todos los sentidos.

Mis dos hermanas mayores abandonan sus cuerpos físicos, una a los dos años, (a esta no la conocí), y la otra a sus veintitrés.

A mis veintidós años yo quedo como el mayor de los nueve que hoy sobrevivimos, en esta historia de gestaciones y de nudos por resolver.

CLAVE PARA DESATAR
EL NUDO

Estar presentes en el aquí y ahora, en flexibilidad y de manera incansable, con toda la **atención en lo que está pasando, mientras está pasando**; centrados inicialmente en nuestras sensaciones, emociones, sentimientos, sabiendo que la vida que transcurre en el presente, quizá sea la primera clave para desatar cualquier nudo.

LA PRESENCIA ES UN MODO DE VIDA.

Luego, soltando el pasado, previa comprensión de que este actúa como causa de nuestro presente, pero no nos determina, (porque nosotros, desde nuestras acciones en este presente definimos nuestro futuro), generar la reinterpretación de nuestros juicios, creencias y percepciones, en torno a todo lo que hemos vivido como condicionamientos; sabiendo que la vida, en sus hechos y en sus datos, está constituida en un 10% y que el 90% está representado por nuestros juicios interpretativos en torno a dichos hechos y datos.

EJERCICIOS DE INDAGACIÓN Y APLICACIÓN

1. Evoca tus recuerdos y reconstruye tu **historia**, destacando los hechos y los datos y separándolos de aquello que corresponde más a tus **interpretaciones**.
2. Busca en tu historia explicaciones, causalidades e intencionalidades, según lo visto en este capítulo.
3. Estudia tu signo zodiacal, identifica lo negativo en él y transmútalo por lo positivo del signo opuesto.
4. Identifica qué significado comporta tu nombre de pila.
5. Siguiendo el modelo GROW elabora un plan de mejoramiento personal, con base en tus descubrimientos.

Goal: – Objetivo: Definir la meta a alcanzar.

Reality – **R**ealidad: Examinar y describir la situación actual y la distancia que nos separa del reto.

Options – **O**pciones: Considerar las opciones y posibilidades que se presentan para superar las limitaciones.

Will – Voluntad y compromiso: Establecer un plan de acción detallado, con el cual motivarnos y comprometernos.

III. EL NUDO CON LOS PADRES... UNA "HISTORIA" PARA RETOMAR LA EVOLUCIÓN

"Examinar nuestra herencia sirve para inventariar actos funcionales o disfuncionales en el seno de nuestra familia... estos son los que hoy operan en gran medida tanto como sus factores paralizantes o como ciertas identificaciones que le dan riqueza a su realidad cotidiana."

— ERNESTO BEIBE

CURIOSIDADES

- Decía el dramaturgo inglés Oscar Wilde que *"los hijos comienzan por amar a los padres; cuando ya han crecido, los juzgan y, algunas veces, hasta los perdonan"*.
- En el libro *"La llave de una buena vida"* escrito por el psicoterapeuta Joan Garriga, este nos habla de una llave que los padres entregan a sus hijos al cumplir los 18 años, anunciándole a cada uno que ese objeto le ayudará a **atravesar todas las puertas** que le vaya deparando la vida.

La lleve tiene tres dientes, los cuales significan los tres grandes recursos que nos vienen dados y que se necesitan para encarar los asuntos relevantes de la vida: la **verdad**, la **valentía** y la **conciencia** y, al mismo tiempo, los tres errores que debemos evitar: la **cobardía**, la **falsedad** y la **inconciencia**, para no estropearnos mucho a nosotros mismos.

Según Garriga la llave de la buena vida tiene que servir para *"saber ganar sin perderse a sí mismo"* y *"saber perder ganándose a uno mismo".*

PREGUNTAS

- Cuando observas tus comportamientos, en relación con tus padres, ¿Consideras que el juicio *"De tal palo tal astilla"* es aplicable a ti?

- De ser afirmativa tu respuesta: ¿Consideras que eso es inmodificable?, o ¿crees que se podría modificar y cómo hacerlo?

- Recordando la forma de educar de papá y mamá, ¿qué consideras que recibiste de cada uno de ellos?

- ¿Cuáles son las mayores diferencias que encuentras en tu manera de relacionarte con cada uno de tus padres, a partir de tus vivencias con cada uno de ellos?

CONTEXTO

Existe una rama de la psicología, basada en la teoría general de sistemas de Karl von Bertalanfly que se denomina **psicología sistémica**, de la cual Paul Watzlawick es un gran exponente.

La psicología sistémica aplica la teoría general de sistemas a la vida de las personas, buscando la relación de causalidad circular que se da, en las diferentes áreas de su vida. Al enfrentar los fenómenos de relación y comunicación en los grupos, dadas las interacciones que allí surgen, se va dando lugar a una serie de comportamientos, condicionamientos, normalizaciones, etc., en las relaciones, las cuales están basadas de manera primordial en los aprendizajes vividos en las relaciones de familia, como modelos que operan de una manera multicausal.

El antropólogo Gregory Bateson es considerado un pionero del enfoque psicoterapéutico, de pensamiento circular, para trabajar la intervención de los sistemas familiares y sus diferentes subsistemas, mediante un enfoque centrado en la terapia sistémica breve, que nace de los anteriores conceptos, con el objetivo de apoyar a las personas y familias a avanzar en sus objetivos de manera ágil y plenamente consciente.

En este enfoque psicológico se utilizan, entre otras aplicaciones, las constelaciones familiares, donde se demuestra que una ley importante es la de la jerarquía. Esta ley afirma que *"el primero que llega al sistema, prevalece sobre los demás",* lo cual debe ser interpretado de la siguiente manera: la prevalencia la tienen los abuelos, luego la tendrán los padres, posteriormente estarán los hijos, por orden de nacimiento, incluyendo a los no natos. Y bien sabemos que cuando alguien no ocupa su lugar, se genera "un caos" en el sistema.

Para entenderlo veamos un par de ejemplos de disfuncionalidad:

¿Te has dado cuenta que algunas veces aparecen hijos que asumen las responsabilidades de los padres en el hogar, estando estos aún allí? ...

¿Y que también se dan aquellos que ocupan simbólicamente el rol de parejas de uno de sus padres, aun estando allí el otro?

Avancemos:

En general podríamos pensar que entre hermanos la relación es entre iguales, pero eso es tan relativo que en la práctica evidenciamos que el hermano mayor tiene prioridad ante los padres y que por ley natural un hermano menor no puede ocupar el lugar del hermano mayor.

Lo mismo sucede en la pareja, aparentemente los dos tienen una relación de igualdad, no obstante, en la práctica, uno de los integrantes de esta asume una posición dominante, la cual es asumida por el otro, como si eso fuera lo natural.

Por supuesto que los padres tampoco ocupan un lugar "de iguales" ante los hijos por más que pretendan fungir en calidad de colegas o de amigos.

Desde la psicología sistémica cuando alguien de la familia ordena su sistema, todos en ella sanan. Y cuando alguien lo desordena todos sufren. *"Lo que das, te lo das. Lo que quitas, te lo quitas".*

Así las cosas, el vínculo que establecemos con nuestros padres es sumamente importante en la vida y tiene mucho peso en nuestro comportamiento, aunque no seamos, en muchas ocasiones, conscientes de ello.

La relación que establecemos con nuestros progenitores, a lo largo de la vida, va modelando y marcando, es decir va configurando, en mayor o menor medida, el adulto que luego seremos.

La relación con nuestros padres nos va dotando de las destrezas y habilidades con las cuales ir afrontando las vivencias a las que nos iremos viendo abocados a medida que avanzamos en nuestro proceso de desarrollo como seres humanos.

Y poco a poco, todo aquello que vamos experimentado, desde la más temprana infancia, nos ayuda a forjar esa llave peculiar, única y personal, con la que caminaremos y con la cual aspiramos a abrir las puertas a una buena vida, en el sentido de una vida sana, feliz, rica en experiencias y relaciones.

Para que pudiéramos venir a esta existencia se requirió del aporte bilógico de nuestros dos progenitores, y a lo largo de nuestra vida su manera de hacer presencia con nosotros nos generó, en alta medida, el modelamiento que se constituye en la diferencia en nuestro comportamiento con el de otros seres humanos, porque papá y mamá son los mayores modeladores, de nuestros aprendizajes emocionales y racionales, y nuestros guías a la hora de iniciar búsqueda de esa identidad personal y social, que nos caracteriza y diferencia.

Bien sabemos y recordamos cuanto nos impactaron las acciones de nuestros padres y sus reacciones afectivas con nosotros, en la temprana edad de nuestra existencia. Muy seguramente recordarás que tu madre te hablaba con tonos cercanos y bondadosos y tu padre se refería a ti como si ya fueras un adulto, por supuesto en miniatura, aportándote cada uno de ellos una manera diferente de habitar el mundo.

Probablemente recuerdas la manera como cada uno de ellos te abrió o no su corazón y te regaló parte de su tiempo vital, como te expresaron cariño y te hicieron sentir afecto, mediante inclusión y participación en tus juegos, si hubo o no disfrute y salidas en familia, ... todo esto nos impactó para siempre.

La forma como nuestros padres crearon ambientes de amor y de respeto entre ellos y de ellos con nosotros, fundamentó muchos de los valores que nos acompañan a lo largo de nuestras vidas. Y así un largo etcétera de conductas - comportamientos que nos llevaron a que los convirtiéramos en espejos, en los cuales mirarnos y validarnos, en nuestro desarrollo tanto cognitivo como afectivo.

Se hace necesario dejar claro que papá y mamá nos aportaron de una manera diferente, pues cada uno de ellos nos entregó, de manera muy peculiar, su propia esencia.

VIVENCIAS

El papel de la religión católica fue marcante de la vida de mis padres.

Ellos, desde sus costumbres, estaban arraigados a los preceptos transmitidos de generación en generación y por eso creían que su misión era traer niños al mundo y actuaban bajo la creencia de que *"cada niño traía su pan debajo del brazo"*, como decían los sacerdotes, para justificar que las parejas no realizaran lo que ellos llamaban planificación familiar.

Fui fruto del tercer embarazo de mi madre, ... detrás de mí vendrán trece embarazos más; dos de ellos fueron suspendidos por la vida misma, mediante abortos espontáneos, generados por procesos anembrionarios. Dos bebés murieron en sus primeros meses de vida, por condiciones aparentemente desconocidas por la medicina, en la década de los 50s del siglo XX.

Mi niñez temprana evoca recuerdos conscientes, asociados a los cuatro procesos de muerte que enuncié.

De la primera etapa de mi vida son pocos los recuerdos. Sí tengo claro que cargué pequeños ataúdes para enterrar a los seres que no llegaron a ser neonatos, o a los que murieron poco después de nacer, porque mi padre quería que yo me hiciera fuerte ante la imagen de la muerte y que siempre estuviera listo para reemplazarlo.

En mi ignorancia infantil, yo culpaba a mi madre por no poner límite a sus embarazos, y por cada muerte consecuente la responsabilizaba más y eso quedó en mi inconciencia como una verdad, y me generó una relación muy compleja hacia ella, por el tiempo en el cual duró mi falta de comprensión.

En mi infancia no recuerdo haberla llamado mamá, me refería a ella como señora, u otros calificativos, aparentemente amorosos. Pasaron muchos años antes de que yo asumiera mis mundos interpretativos, como solo eso, y por fin la llamé madre cuando entendí mi error, porque traje a consciencia no solo la dimensión de lo fisiológico en la vida de los seres humanos, sino lo que también habitaba en mi inconciencia, que me llevó a reconocer que los humanos tenemos un reloj – alma - tiempo – mente que nos hace soñar el ensueño de nuestras vidas y a vivir solo el tiempo necesario para nuestra experiencia y la de los seres que nos rodean.

La vida me regaló 33 años más de vida de mi madre, para resarcir esa relación. Bien sabido es que el vínculo de una madre con su hijo constituye uno de los lazos más poderosos que se pueden tener y yo ese lazo no lo sentí y no lo construí hasta muy entrado en años, pues el papel de contarme la vida y traducirme el mundo lo asumió mi padre, desde mi primer año de vida.

Superados los primeros doce meses de mi vida, mi padre, un hombre trabajador, cuya preparación académica no alcanzaba más allá de cinco años de formación primaria, y con una profunda huella de ausencia materno – paternal, me constituyó en su compañero inseparable de viaje y de reto personal.

El decidió darme todo lo que no recibió de sus padres y se entregó a mí crianza por entero. A donde él marchaba yo hacía parte de su real "equipaje de viaje". Yo era como una "maleta" que él había elegido para que lo acompañara, como si fuera su sombra. Por eso viví una infancia alejada de mi madre y de mis hermanos, sin generación de vínculos con ella y con ellos.

"Secuestrado por mi padre" y "huérfano de madre viva", me dijo algún día un amigo, ante este episodio de mi historia, para luego resaltar algunas de las características de mi personalidad introvertida y un poco alejada de todo y de todos, destacando que mi vida ha sido un esfuerzo resiliente, que se escuda en la academia como un medio de protección y supervivencia.

Por razones asociadas a la variación de tipos de trabajo, mi padre iba asumiendo diversos roles, peón agrícola, tractorista agrícola, conductor de vehículos de carga, conductor de vehículos de pasajeros, etc..... la vida era muy nómada, para él y, con él, por supuesto que también lo era para mí, en esta etapa de la vida.

Mi madre decía que al marchar hacia cualquier lugar mi padre primero ''empacaba'' al muchachito y después todo lo demás que requería para el nuevo lugar de trabajo. El me alimentaba, vestía y suplía todas mis necesidades básicas. Sólo me separó de su lado en 1958, a mis ocho años de edad, cuando fue el momento de iniciar mis estudios primarios.

Esta es la justificación por la cual no tengo mayores recuerdos de mi madre en esta fase de mi infancia, ni para bien, ni para mal.

Tampoco tengo recuerdos asociados a juegos infantiles con otras personas de mi edad y mucho menos asociaciones afectivas con mis pequeños hermanos, a quienes "apenas si conocí".

En la época de tractorista de mi padre él se alejaba de casa por periodos más largos de los normal. Algunas veces, si mi madre estaba enferma o embarazada, me llevaba al lugar de trabajo, sin que yo permaneciera con él en ese lugar, pues él pensaba que yo debería regresar a casa para que así pudiera ir a buscarlo, en caso de llegar a requerirlo por una urgencia de mi madre. En esos casos yo caminaba largas jornadas para regresar de dónde nos encontrábamos hasta casa.

En una de esas ocasiones habíamos subido unas cinco horas, a una finca ubicada en las inmediaciones del Páramo del Sol, llamado también Páramo de Frontino, de Sabanas o de Urrao; y cuando tomé la travesía de regreso, en solitario a casa, teniendo yo siete años, me crucé esporádicamente con algunos indios Katíos – Eyabida, lo cual me asustó y predispuso a correr huyendo de ellos, pues en mi vida los había conocido y temía que me hicieran daño.

En mi "loca carrera" tropecé con una calavera, me caí haciéndome daño físico y entre en pánico. Para mi sorpresa estaba en un cementerio indígena de un asentamiento de esta etnia indígena de origen Caribe. Sus tumbas me impresionaron, algunas estaban semi descubiertas, y por ellas transitaban perros famélicos que, escarbando la tierra, las iban dejando al descubierto.

Las imágenes de cráneos y huesos semi enterrados resonaron en mi imaginación por un buen periodo de tiempo, asociadas a los lastimeros ladridos de esos perros y a aullidos de variados tipos que allí escuché.

El camino de regreso a casa, a partir de ese episodio, se me hizo interminable...

¿Qué me quiso enseñar la vida, al mostrarme tan de cerca la muerte y a tan temprana edad?...

Surgió aquí, para mí, un lazo misterioso con el más allá de esta vida.

- Y ¿qué me mostró la relación con mis padres, para mi proceso evolutivo y de desarrollo de consciencia?
- ¿Qué lazos quedaron establecidos?...
- ¿será necesario desatarlos?

CLAVE PARA DESATAR
EL NUDO

- Recordando el postulado *"No es lo que el otro dice o hace lo que me afecta, sino la interpretación que yo hago de ello",* resignifica todo aquello que consideres debe ser reinterpretado. Y de manera amorosa suéltalo, déjalo ir.
- *"Deja de correr detrás de aquellos que dicen tener la verdad, de aquellos que formaron instituciones, religiones, centros, doctrinas, escuelas, dogmas, cursos y métodos para transmitir la supuesta revelación de Dios y del Cosmos".*
- Libérate del pasado, asumiendo que. tus padres llegaron antes que tú y que sin ellos

tú no estarías aquí, leyendo este texto y co-construyendo conmigo.

- Acepta que en "**tu relación**" con tus padres todo sucedió de la mejor manera que podía suceder, para tu aprendizaje y evolución.

- Reconoce que tus padres te dieron **lo mejor que podían darte**, según su nivel de desarrollo y evolución, siendo ellos los seres humanos que pudieron llegar a ser.

- Inicia el camino del desarrollo de la "Maestría del Amor", reconociendo la presencia de tu ego a la hora de juzgar a tus padres y sus relaciones contigo.

EJERCICIOS DE INDAGACIÓN Y APLICACIÓN

1. Toma conciencia de tu vida de infante. Descubre en ella tu "capacidad de resiliencia", para superar "estados de sufrimiento y de dolor emocional".

2. Evidencia los comportamientos de tus padres y lo que de ellos tienes incorporados como parte de tus comportamientos habituales hoy. Decide que vale la pena mantener y transforma aquello que demanda ser superado, sabiendo que la "resignificación" de tus interpretaciones es el camino.

3. Agradece el espejo en el cual tus progenitores se constituyen y en el cual tú

puedes mirarte, para hacerte cargo, con actos responsables.

4. Observa eso que llamas "traumas" en tu vida y de los cuales tiendes a "culpar" a tus padres, y al hacerlo desarrolla la humildad necesaria para asumir que es tu responsabilidad transitarlos para superarlos.

5. libera a tus padres de culpa y agradéceles con amor el hecho de haberte dado la vida y de haberte acompañado en tu proceso evolutivo.

6. Inicia el camino de responsabilizarte de tus propios comportamientos, para sanarte y sanar a los demás integrantes de tu familia.

7. Convierte en herramientas de Amor la comprensión que ahora tienes.

8. Practica este ejercicio de ayuno mental

Esta propuesta es todo un reto. Durante 40 días, renuncia a cualquier forma de conflicto, crítica o protesta, a cualquier pensamiento que altere tu paz interior, y piensa siempre con amor. Si después de esos 40 días el resultado es muy poderoso, continúa los próximos 40, y así sucesivamente.

1. Y procede a la "reprogramación mental para acortar tu tiempo de evolución" afirmado cada día: Las creencias me hacen ineficiente, mientras que la sabiduría me convierte en eficiente.

2. Repite mentalmente las siguientes frases:

- «Me declaro en total estado de paz, y dejaré de enfrentarme a la vida para empezar a disfrutarla».

- «Mi felicidad únicamente depende de mí; renuncio totalmente a sufrir con lo que sucede a mi alrededor».

- «Ninguna situación externa puede afectar a mi felicidad, mi paz y mi amor».

- «Renuncio definitivamente a modificar cualquier cosa externa a mí».

IV. UNIDOS AL LUGAR EN EL CUAL HABITAMOS... "EPIGENÉTICA"

*"Cuando comprendes que **toda opinión es una visión cargada de historia personal**, empezarás a comprender que **todo juicio es una confesión.**"*

— NIKOLA TESLA

CURIOSIDADES

Decía Séneca que *"Una gema no puede ser pulida sin fricción, ni un hombre perfeccionado sin pruebas"*

En la séptima antología de la Red Global de Mentores, dedicada a la inmigración, en su capítulo 4, la mentora Dora Luz Carmona nos regala el siguiente acróstico:

El migrante adquiere: **M**aestría en humildad.

El migrante posee: **I**dentidad propia.

El migrante vive en: **G**ratitud, principios y valores.

El migrante construye su: **R**enacer y contribuye.

El migrante ama: **A**rriesga y aventura.

El migrante: **N**unca se rinde, transfiere sabiduría.

El migrante: **T**rasciende y se tranforma.

El migrante: **E**xtiende sus alas y fortalece sus raíces.

https://www.rgmentores.org/contenidos

De una u otra manera, quienes abandonamos nuestro lugar de origen, por la razón que sea, terminamos siendo migrantes y el migrante, como lo dice Dora Luz adquiere **M**aestría en humildad, posee **I**dentidad propia, vive en **G**ratitud, construye su **R**enacer, **A**ma, arriesga y aventura, **N**unca se rinde, se **T**ransforma y trasciende y **E**xtiende sus alas y fortalece sus raíces.

PREGUNTAS

- ¿Tuviste que abandonar tu lugar de origen alguna vez en tu vida?
- ¿Eres un ser desarraigado de un espacio territorial cualquiera?...
- ¿Cuáles son tus grandes aprendizajes a partir de tu situación?

CONTEXTO

El Ambiente moldea nuestra mente y determina nuestras relaciones.

Creemos que la multitud o el ambiente no nos arrastra a comportamientos específicos de vida, pero ¿Te queda alguna duda de que somos seres unidos al lugar donde habitamos?

Allí está parte de nuestro modelamiento y de la afectación de nuestra psique, pues las señales e influencias del entorno son tan sutiles que ellas se constituyen en sistemas ecológicos, o ecosistemas, que condicionan nuestra red de relaciones y en fuentes de condicionamiento para nuestros sistemas operativos en el mundo.

Donde estamos condiciona como nos comportamos. No en vano se dice *"a la tierra donde fueres haz lo que vieres"*.

Difícilmente podemos actuar sin importar el lugar donde vivimos, porque allí se cincela nuestra manera de pensar, decidir y actuar, como meta entidades que se constituyen en un sello que marca y define nuestra idiosincrasia.

Ya hoy nadie pone en duda los conceptos de la epigenética, esa rama de la biología que estudia los cambios genéticos que se producen en los seres como consecuencia del medio ambiente y los tipos de relaciones que en ellos se establecen, con especial incidencia de los climas físicos y emocionales.

VIVENCIAS

Al poco tiempo de haberme ingresado a estudiar, mi padre tuvo una revelación. Una mañana de domingo, al verme de pie, detrás del carro que el conducía, convocando pasajeros para la ruta a cubrir, con su mente me proyectó al futuro y no le gustó lo que vislumbró. Decidió que ese que vio no era el tipo de vida que él quería para mí.

Seis meses después renunció a su trabajo y, con nosotros, tomó rumbo a la capital del departamento, a vivir la vida, de esfuerzo y de sacrificio, que espera en la gran ciudad a cualquier persona carente de fortuna económica, pero con ganas de superación.

La violencia política de la década de los 50s, en Colombia, había sacudido de manera muy especial a

Urrao. Para el año 1958, la gran mayoría de los integrantes de mis familias materna y paterna ya se habían desplazado a Medellín, después de perder sus propiedades y márgenes de solvencia económica.

Al igual que muchas otras familias migraron, dejando sus raíces, y buscando una nueva vida de oportunidades. Ahora era nuestro turno.

Nosotros, iniciando el segundo semestre del año, llegamos inicialmente a la casa de mi abuela materna, allí nos protegimos un breve espacio de tiempo.

Luego, cuando mi padre se empleó, nos fuimos a vivir a San José - La Cima, uno de los barrios más marginados al oriente de la ciudad, arriba de Santo Domingo Sabio.

En una pequeña casa, sin agua y sin luz, compensados por el amor paterno - materno, vivimos el tránsito a nuestra nueva realidad, como habitantes de un barrio, casi que de invasión, en las laderas orientales de la gran ciudad.

¿Cómo el nudo, en lugar de apretar para sofocar, sostenía?...

Mi padre trabajó duro, de sol a sol, estudió en las noches para darnos el ejemplo de lo que significa no ser víctima de las circunstancias y superarse.

Así nos enseñó que era posible una nueva realidad y nos fue mostrando como desplazarnos hacia ella. Nos mostró la transitoriedad de las situaciones y nos ejemplarizo en torno al hecho de no quejarnos del principio de realidad, trabajando siempre en el principio de posibilidad.

Con esfuerzo, tesón, dedicación y compromiso, mi padre salió adelante, con todos nosotros aprendiendo, detrás de él.

Tres años más tarde ya no vivimos más en las laderas del barrio marginado, ahora construíamos nuestra propia vivienda en un barrio naciente de obreros al occidente de la ciudad, exactamente en el lado opuesto de donde antes vivíamos.

Para entonces yo ya llegaba a mis once años, como un testigo de primera línea de los ingentes esfuerzos vitales de mi padre, por sacarnos adelante. Muchas, muchísimas, preguntas existenciales me habitaban.

- ¿Por qué las condiciones de vida de los seres humanos eran tan diferentes?

- ¿Por qué tanta injusticia social? ...
- ¿qué hacer con mi vida? ...
- ¿qué papel jugaba la religión y la fe en todo ello?

CLAVE PARA DESATAR
EL NUDO

Mi padre me dio la clave. Observando sus comportamientos me di cuenta de algo a lo que después pude poner palabras, a partir de lo que aprendí en la escuela de desarrollo transpersonal, con José María Doria:

*"**Cuando la presencia es invitada de honor en tu vida, con ella aparece el entusiasmo, la valentía, el compromiso y la participación**.*

Estas centrado en tus propósitos y haces lo que te has marcado, sin dejarte llevar por espejismos o desánimos.

Puedes percibir cuándo hace falta un brusco o sutil golpe de timón, como el patrón experto que caza escotas[1] para que las velas embolsen las rachas de viento favorables que le acercan a su destino"

— JOSÉ MARÍA DORIA

Activar la consciencia dormida, con el conocimiento y el entendimiento, hará la diferencia en cualquier circunstancia.

El proceso de despertar no da saltos, es lento y gradual, y resulta profundamente reconfortante cuando se traduce en una vida consciente, que es movilizada por el saber, entender, reconocer y asumir la responsabilidad.

---

1. Cabo que sirve para cazar las velas

EJERCICIOS DE INDAGACIÓN Y APLICACIÓN

1. Observa los entornos cotidianos donde interactúas con otras personas y cómo ellos condicionan las conductas de las personas que en ellos habitan.
2. Aplícate a ti este ejercicio.
3. Observa en situaciones contextuales, por ejemplo, en el trabajo o en tu casa, el comportamiento de las personas cuando hay "ojos vigilantes" y cuando no los hay.
4. Aplícate a ti este ejercicio.
5. Cree en ti.
6. Conecta y cultiva la presencia en tu vida, como un acto responsable.
7. y deja de culpar a otros de tus propios comportamientos – resultados.

V. LA RELIGIÓN AL CENTRO DE LA ESCENA ... EL NUDO DE LAS CREENCIAS

"La verdad tiene muchos aspectos y uno solo ve un aspecto, otro ve otro, y algunos ven más que los otros, según les ha sido dado.

"Mirad este cristal: aunque haya una sola luz manifiesta en doce facetas, en cuatro veces doce, y cada faceta refleje un rayo de luz, y uno contemple una faceta y otro otra faceta, no obstante, sólo hay un cristal, y una luz que brilla en todas ellas".

— EL EVANGELIO DE LOS 12
SANTOS. XC

CURIOSIDADES

- Si la espiritualidad es una forma de vivir, de ser y de existir, ¿por qué quienes se dicen espirituales, habitando en religiones, centros doctrinarios y escuelas religiosas, desobedecen las normas éticas y morales, se comportan corruptamente, engañan a las personas de buena fe, están apegados al dinero y viven enfermos de codicia y ambición, robando la tranquilidad a los demás con amenazas de condenación eterna, degradándose ellos y degradando a los demás?
- Te invito a leer un detallado artículo, escrito por Mariano Fain, sobre el tema de

la inquisición. Ver más en: https://www.el-historiador.com.ar/la-inquisicion/

PREGUNTAS

- Si las mismas cosas parecen diferentes a diferentes hombres, y hasta al mismo hombre, en diferentes momentos. ¿Qué es pues la verdad?
- Las creencias, ¿Son racionales?
- ¿Los juicios y las percepciones que tenemos de las cosas son fuentes de interpretación o de verdad?

CONTEXTO

.

"Zaratustra bajó solo de las montañas sin encontrar a nadie.

Pero cuando llegó a los bosques surgió de pronto ante él un anciano que había abandonado su santa choza para buscar raíces en el bosque.

Y el anciano habló así a Zaratustra:

No me es desconocido este caminante: hace algunos años pasó por aquí. Zaratustra se llamaba; pero se ha transformado.

Entonces llevabas tu ceniza a la montaña

¿quieres hoy llevar tu fuego a los valles?

¿No temes los castigos que se imponen al incendiario?

Sí, reconozco a Zaratustra. Puro es su ojo, y en su boca no se oculta náusea alguna. ¿No viene hacia acá como un bailarín?

Zaratustra está transformado, Zaratustra se ha convertido en un niño, Zaratustra es un despierto: ¿qué quieres hacer ahora entre los que duermen?

En la soledad vivías como en el mar, y el mar te llevaba.

Ay, ¿quieres bajar a tierra?

Ay, ¿quieres volver a arrastrar tú mismo tu cuerpo"?

— F. NIETZSCHE: ASÍ HABLÓ
ZARATUSTRA. ALIANZA
EDITORIAL, MADRID, 1992. [TRAD.
ANDRÉS SÁNCHEZ PASCUAL])

VIVENCIA

La "doctrina de la fe" y los dogmas

Mis padres religiosos y católicos de nacimiento. Mi padre un practicante consciente y entregado a la obra Mariana de la Iglesia. Mi madre apenas si aparece en mi memoria para ese momento de mi historia, pero sé que estaba siempre dedicada a cuidar a sus hijos y sometida a mi padre. Mis hermanos son demasiado niños todavía y yo no tengo mayores recordaciones de ellos.

Yo, a mis once años de edad ya he sido acólito en dos parroquias, había jugado a ser el cura de mi barra de niños vecinos y me acompañaba el sueño de hacerme sacerdote y, por tanto, de irme a estudiar a un seminario católico.

Mi padre presenciaba mis juegos, escuchaba mis sueños y sufría en silencio. Él no poseía las condiciones económicas para que yo volara hacia ellos, pero nunca me lo hizo saber, ni se quejó, y por el contrario me impulsó a pensar en ese horizonte como una realidad posible. A eso "apostó y ganó".

El Universo confluyó, el cura párroco de mi barrio me apoyó con lo que llamaban "el ajuar", es decir lo necesario para vivir por fuera de casa un año, una señora "pudiente" me dotó de media beca y en febrero de 1964 yo estaba de viaje a la ciudad de Cali, en calidad de alumno del Seminario Franciscano. A esta comunidad pertenecí hasta el año 1970.

Atrás había quedado un mundo de familia, muy desconocido para mí, una madre a la cual poco extrañaba y un padre "endeudado hasta la coronilla", para que yo pudiera avanzar.

Mientras tanto yo era "criado por una comunidad", aprendía la doctrina de la fe católica, me ataba a creencias, preceptos transmitidos y dogmas de orden religioso, centrado en cánticos, meditaciones, oraciones y todo lo que se piensa que es el camino espiritual... y me preparaba para evangelizar en "un mundo real", viviendo en "un mundo ficticio", pleno de fantasía e irrealidad, de ensueños y de sueños; sin desarrollar conocimiento de las causas y efectos y mucho menos el necesario discernimiento y la libertad de expresión que luego requeriría para poder cumplir mi misión.

Fui formado en un humanismo que no propiciaba mi desarrollo interno, pero que sí apuntaba a que los seminaristas aprendiéramos a considerar al ser humano como un todo, apoyados en un ideal humano denominado humanismo cristiano, que rendía culto a una entidad abstracta -la humanidad- con base en el imperativo de respeto a la personalidad humana, y al impulso de todo aquello que respondiera a las necesidades religiosas de los individuos, lo cual pasaba por su salud mental, su crecimiento personal y su autorrealización.

La espiritualidad estaba asociada a la mística, al recogimiento y a la meditación, apoyada en santorales y libros escolásticos. Desde esta concepción actuada podríamos ser vistos como almas espirituales, listas para salir al mundo a cumplir nuestra "misión evangelizadora".

La función para la cual nos preparaban era la de observar las conductas humanas, para luego intervenirlas, mediante los principios y marcos morales de la doctrina eclesiástica, sin cuestionarla, pues era fruto de la revelación y por tanto principio indisoluble de fe.

Dentro de este contexto religioso sucedió un día lo impensable. En 1968 mi madre se encontraba en el último mes del embarazo de su último hijo. Sufrió una aparatosa caída y el bebé dio vuelta en su vientre, quedando su cabecita en el sentido contrario al deber ser para su nacimiento. El caso era de vida o muerte. El médico que atendió la urgencia dijo a mi padre que debía escoger a quien salvarle la vida: ¿la madre o el hijo?

Mi padre, religioso confeso como era, fue a los sacerdotes y obispos en busca de orientación y todo lo que recibió fue esta perentoria declaración, nacida del código católico romano: *"se privilegia la vida más nueva sobre la antigua",* en consecuencia, era fácil la elección: que mi madre muriera y mi hermano viviera.

Entonces mi padre caminó desconsolado por las calles de la ciudad. Estaba desolado. Un pastor de una iglesia evangélica lo vio, lo detuvo y lo escuchó, y seguidamente, al ser conocedor de lo que afligía a mi padre, increpó con dureza y severidad a los sacerdotes católicos por lo que consideró una falta de respeto, por la falta de fe de ellos, y le dijo a mi padre: *"Solo Dios decide sobre la vida y sobre la muerte. Órale a Él y deja todo en sus manos y dile el médico que, al intervenir quirúrgicamente, recuerde que no es él sino la Fuerza Superior la que decide lo que ha de suceder".*

Los médicos intervinieron a mi madre y ella y mi hermano vivieron. Pero una nueva dimensión del nudo estaba por aparecer.

Mi padre se hizo converso a una nueva forma de religiosidad, cambió de iglesia, adoptó la Biblia como la única verdad posible, se radicalizó en las concepciones religiosas de su grupo y "el dogma" fue su guía desde ese día. Finalmente, a sus cincuenta años, se hizo Pastor Evangélico y sé que presionó a todos en casa, excepto a mí porque estaba lejos, siguiendo el camino del sacerdocio, a caminar por estos, sus nuevos senderos, los cuales lo llevaron literalmente a distanciarse conmigo, al considerar que él estaba en la verdad y yo equivocado en mis búsquedas espirituales, idea que mantuvo hasta el final de sus días en este plano.

Yo todavía no había cumplido mi ciclo en la comunidad religiosa, pero puedo afirmar que ya habitaba una profunda crisis de fe, desde el año 1967.

Coincidencia entre el pensar y el actuar instituido

No me coincidían el pensar – actuar de las jerarquías de la Iglesia Católica con el supuesto "Amor Universal" que pregonaban. Entre más estudiaba, y observaba la vida en comunidad, en la cual habitábamos, más se agitaba mi mente, y más creía que había "algo superior" de lo cual ocuparse.

Sentía que más allá de la mística existía otra expresión de la espiritualidad, como parte del sentido vital, que debería actuar desde una profundidad de la consciencia y de la trascendencia evolutiva del ser.

Me pesaba el egocentrismo en el cual estábamos siendo formados. Éramos "los elegidos", seríamos llamados "padres" y defenderíamos la "única fe verdadera".

Mucho me distanciaban los actos materiales, las acciones del alma y los pensamientos espirituales del actuar de algunos de los sacerdotes que nos estaban formando y de la doctrina de la iglesia misma.

Y se sumaban a mi crisis: la sombría participación de la iglesia en la dolorosa época de la inquisición, el mal llamado santo oficio instaurado por ella, y la forma como los misioneros católicos actuaron en la conquista de América, entre muchos otros sensibles temas... a los cuales mis profesores buscaban evasivas cada vez que, por cualquier razón, afloraban en nuestras conversaciones.

Me dolían en el alma tantas persecuciones y asesinatos realizados a nombre de la fe y de Dios, no podía con las acusaciones de herejes y disidentes religiosos de quienes no se ajustaban a los preceptos y dogmas impuestos por los llamados padres de la iglesia.

Cada vez me agobiaba más el saber que pertenecía a una iglesia que tenía sus manos ensangrentadas, con musulmanes, judíos, cátaros - albigenses, y todo aquel que ellos decidían juzgar y condenar a la muerte, de manera anticipada.

No podía entender, desde la historia más antigua, hasta la más reciente, lo que la iglesia, a nombre de

Dios había hecho y seguía haciendo.

Me asombraba mucho el juego del poder político, económico y religioso mancomunados en una sola iglesia.

Y a medida que avanzaba en mi formación más me sentía fuera de lugar. Aunque pensaba que la espiritualidad era una forma de vivir interiormente y por ello me esforzaba en practicar y plasmar un vivir acorde con ello, no podía con la incoherencia del ambiente superior que me rodeaba.

Me horrorizaba pertenecer a una iglesia cuyas herramientas de propagación y defensa de su fe habían sido la de calificar de herejes a todos los que se atrevieran a opinar de manera diferente a sus "dogmas", estableciendo la persecución de todo aquel que no pensara como ella, y haciendo uso de mecanismos de violación de los más elementales derechos humanos, mediante el garrote vil, la silla inquisidora, la doncella de hierro, el banco de estiramiento, la máquina desgarra senos, el rompe cráneos, el aplasta pulgares y la máquina quebranta rodillas, entre muchos otros instrumentos de tortura.

Tampoco me sentía cómodo preparándome para ser sacerdote de una iglesia que había organizado "guerras santas". Sin conmiseración alguna había destruido toda la comunidad de los Cátaros, en la Occitania, sur de Francia, unos seres humanos que, por su carácter gnóstico, confrontaban la falta de coherencia y consistencia de las jerarquías de la iglesia católica. Todos fueron arrasados, empalados y sometidos a la hoguera, con los integrantes no cátaros de las comunidades donde se encontraban habitando, todo ello bajo la dirección de Arnaldo Amalric, arzobispo- delegado papal quien al ver dudar a sus soldados sobre a qué miembros de la comunidad de Occitania deberían eliminar les gritaba *"mátenlos a todos, que Dios arriba reconocerá a los suyos"*.

Y en otra dimensión, no podía asumir como válido que la iglesia se hubiera convertido en la adalid en contra del progreso científico, que por ello hubiera asumido cruzadas en contra de las ciencias, y que desde allí explicara las posiciones que asumió frente a Giordano Bruno, Galileo Galilei, Nicolás Copérnico y a tantos otros científicos, por no coincidir con su cosmovisión.

Menos que hubieran creado el *"index librorum",* para llevar a él cualquier libro que decidían censurar, por considerarlo contrario a la fe, como lo hizo con las obras de Jean-Jacques Rousseau, Denis Diderot, Michael de Montaigne, David Hume, Giordano Bruno, Blaise Pascal, Charles Darwin, René Descartes, François Marie Arouet (Voltaire), entre otros muchos.

Las ejecuciones, mutilaciones y violaciones sistemáticas en la conquista de América, por parte de los misioneros católicos, constituyeron otro episodio que me molestó por mucho tiempo. Igual que lo hizo el silencio del vaticano sobre el genocidio del pueblo judío.

Como ven, eran muchas las cosas que me incomodaban profundamente y ponían en crisis, cada vez más, mi vocación ministerial, en el contexto de la iglesia católica.

Más acá, en el tiempo y en lo más cercano al año 1970, no puede con la corrupción, los escándalos financieros, la pedofilia y la pederastia como una característica vital de muchos integrantes de la jerarquía eclesial, sin que las autoridades de la iglesia en Roma se pronunciaran.

CÓMO SOLTAR EL NUDO

Cuando tuve un nivel de consciencia mayor, en mi cabeza empezó a rondar, cada vez con mayor fuerza el que el cristianismo, desde que fuera despenalizado por Constantino a través del Edicto de Milán en 313 y posteriormente adoptado como religión oficial del Imperio romano, con el Edicto de Tesalónica a finales de aquel siglo, pasó de perseguido a perseguidor.

A todo lo anterior se sumaba la contradicción evidente entre los textos evangélicos del antiguo y el nuevo testamento, donde en los primeros se mostraba un Dios al cual había que temerle, en lugar de un Dios de amor.

Un buen ejemplo sería el siguiente:

Dios ordena matar: a los adúlteros, Lev 20:10; a los brujos, Ex 20:18; a los blasfemos, Le 20:14; a los falsos profetas, Zac 13:3; a los que adivinan la fortuna, Lev 20:27; a cualquiera que peca, Ez 18:4; a los curiosos, 1 Sam 6:19-20; a los homosexuales, Lev 20:13; a los que no son hebreos, Dt 20: 16-17; a los hijos de los pecadores, Is 14:21; a los no creyentes, 2 Cron 15:12-13; a cualquiera que maldice a Dios, Lev 24:16; a las recién casadas que no eran vírgenes, Dt

22:21; a cualquiera que mate a cualquiera, Lev 24:17 ... y un largo etc.

Entonces... ¿dónde quedaba el sexto mandamiento? ¡NO MATARÁS! ...

Y la 1 Juan 4: 7 – 9: *"Amados, amémonos unos a otros; porque el amor es de Dios. Todo aquel que ama, es nacido de Dios, y conoce a Dios. El que no ama, no ha conocido a Dios; porque Dios es amor. En esto se mostró el amor de Dios para con nosotros, en que Dios envió a su Hijo unigénito al mundo, para que vivamos por él".*

En síntesis: En la biblia y en los marcos de la actuación histórica de la iglesia vi su intolerancia hacia quienes no comulgaban con sus creencias, vi cómo se alimentaron las hogueras, que ardieron con seres humanos en ellas, a lo largo y ancho de Europa, en el periodo de las cruzadas y de la inquisición y cómo se violentó a las culturas indoamericanas y asiáticas para imponer a sangre y fuego sus creencias.

La iglesia católica, a la cual yo pretendía representar, desde el ministerio sacerdotal, no aceptaba cuestionamientos al dogma, los denominaba disidencias heréticas, ni menos otras formas de concebir la fe, como no fuera la que ella a través de los papas dictaminaba como única, verdadera y válida... *"fuera de mí no hay salvación"*, y *"el que no está conmigo esta contra mi"* ... ¡dogma de fe!

Y yo no solo ya no lo creía así, sino que empezaba a no querer pertenecer a lo que ya se me antojaba como una irracionalidad de los hombres, contra los propios hombres.

Podrás decir que eso fue en el pasado o me acusaras de incomprensión. La verdad es que, siendo un joven en plena estructuración para la vida, no quería y no podía justificar esas conductas como actuaciones posibles a nombre de Dios, y luego ser uno más de los defensores a ultranza de esos comportamientos, por lejos que ellas aparecieran históricamente...En esa institución no podía habitar la Verdad, con mayúscula.

Muchas veces viví los comportamientos de los superiores de mi comunidad como si ellos estuvieran movidos por intereses que no se adaptaban a una mentalidad espiritual, que más obedecían a lo que mucho después conocí con las palabras "impulsos de la matrix", es decir que, en lugar de ser generosos, altruistas y magnánimos, eran egoístas, metalizados y materialistas, bien escondidos bajo expresiones tales como solidaridad, ayuda, auxilio, asistencia, para mantener el estado de las cosas, so pretexto de que "cada quien debía vivir con resignación su destino", ... " voluntad de Dios" ... y "camino a la salvación, por medio del sufrimiento"...

Muchas preguntas y dudas me rondaban con mayor intensidad cada vez: ¿qué fuerza hay detrás de todo esto, que nos mueve a esta concepción tan irracional de la vida?... ¿somos un movimiento igual a la cruz roja, al partido humanista internacional, etc.?... ¿Cuál es nuestra función como iglesia?

Año a año, seguía viendo la incoherencia entre el predicar y el actuar de los representantes de la iglesia en ese, mi presente vivo, y entonces me rebelé, pensando que yo podía cambiar algo de todo eso. Y entonces, mi director espiritual, en medio de conversaciones donde yo le entregaba los desgarres de mi alma, me decía: *"Escuche el mensaje y no mire al mensajero"*, y eso me incomodaba más que reconfortarme, pues mensaje y mensajero se me hacían faltos de coherencia.

CREENCIA Y TRASCENDENCIA

Fuerte fue el nudo con la iglesia católica en el cual pasé mi infancia, adolescencia y juventud, como "un instituido". ¿Cómo desatarlo, si en él habitaba la trascendencia, según la natural creencia?

Aún me faltaban tres años de camino y de crisis por recorrer, antes de soltar este sendero, que desde los 12 años había elegido.

En 1970, una serie de circunstancias se confabularon, el destino tenía para mi otro rumbo, mi crisis de fe en la iglesia católica, en sus prácticas y en sus pastores, había llegado a un límite insostenible y mi grito ahogado, de ¡Dios dame fe o sácame de aquí!, ya había demostrado su vacuidad.

En la semana santa del año 1970 fui enviado, por mi comunidad religiosa, en misión a una hacienda llamada Casa Blanca Nieto en Nemocón Cundinamarca. Un terreno que poseía unas quinientas hectáreas, con una gran casa central de unos mil metros cuadrados, con su propia iglesia para unas cien personas y un cementerio familiar a ella anexo, con una serie de casas campesinas a distancia significativa, con relación a la casa principal.

Fui puesto al servicio de una persona que regentaba un sistema idéntico al feudal y mi crisis tocó fondo.

Predicando el sermón de las siete palabras tuve una experiencia de apertura de consciencia, entendí que no creía en lo que estaba hablando y sin embargo lo había elevado a niveles de trascendencia tan absoluta que viví una experiencia de levitación.

Concluida la ceremonia, los campesinos se me acercaban y decían, *"padre usted habla muy hermoso"* y me lo tomé literal. Ya no podía seguir hablando hermoso, era hora de pasar a vivirlo.

Me fui al cementerio y allí, acompañado de la soledad de las frías tumbas, pasé toda la noche. Lloré "lágrimas de sangre" y decidí soltar este nudo, en gratitud y reconocimiento a los seres humanos que durante este recorrido me acompañaron, sin resentimientos con una doctrina que me había servido de soporte durante muchos años y por supuesto muy cuestionado por las actuaciones de sus jerarquías en general y de sus representantes en particular, a lo largo de los diferentes periodos de historia.

Permanecí en el seminario unos meses más, madurando mi decisión y preparándome para el siguiente paso.

En septiembre de 1970 murió mi hermana mayor y mi padre me invitó a acompañarlos presencialmente en el duelo. El Universo me señaló que había llegado la hora de partir.

Al informar al superior mi decisión de dejar atrás esta ruta vital, él me dijo que no podía renunciar, porque yo era un llamado y un elegido, a lo cual respondí que hacía ya un buen tiempo yo había dejado de responder al llamado y por tanto ahora decidía dejar de elegirme.

Entonces él me dijo que si me retiraba de la comunidad él mismo me excomulgaría, a lo cual respondí, hace tres años soy y existo como un excomulgado de esta fe. Ya usted nada puede hacerme y lo que pudiera hacerme, si es que puede hacerlo, ya no me hará daño. Ese momento fue mi primer acto de consciencia plena.

"Cuando dejas de crees en demonios, dioses, bendiciones, y maldiciones, eres dueño de tu destino, y en tu camino no necesitas más religiones"

Sabiendo que eso era lo que había, manipulación por el miedo, entendí que, en lugar de ser cristiano, católico, evangélico o testigo de jehová, era mejor ser un buen ser humano y una buena persona... decidí pasar la página, tome distancia y, por escrito, renuncié a mi pertenencia a dicha iglesia, ante el arzobispo de mi localidad, prometiéndome que respetaría mucho a los católicos de buena fe, que no rechazaría nunca jamás a nadie por sus creencias, y que tampoco volvería a pertenecer a una iglesia o comunidad centrada en la religiosidad dogmática de los regentes del templo, fuera ella la que fuera.

"No confundamos la religión católica con Cristo. Esta religión es descendiente del clan Adam, sus enseñanzas continúan todavía contagiadas de las energías pensamiento de Setién. Son viejas y obsoletas tradiciones legadas del clan Adam que no quieren perecer". EL SER UNO. Planeta 3.3.3.

— LOS GUARDIANES DE TERA

UN NUEVO LABERINTO: LA BÚSQUEDA DEL NUEVO SENTIDO.

Como ya lo comenté regresé a casa, en septiembre. Al poco tiempo enfermé de una fiebre desconocida por los médicos. Fui hospitalizado con un alto nivel de deshidratación.

Tres días después los médicos anunciaron a mis padres que de ese día yo no pasaría. Que mis signos vitales se debilitaban lentamente y que ellos nada podían hacer.

Mi cuerpo estaba totalmente rodeado de bolsas de hielo para bajarle la temperatura y me alimentaban solo con suero, vía intravenosa.

Viví la experiencia de un largo y profundo sopor, salí de mi cuerpo físico, en astral, y recorrí por maravillosos y desconocidos mares de serenidad y tranquilidad, tuve consciencia de que me estaba separando de esta realidad y poco a poco moría.

En estado de alta inconsciencia dije a mi padre que los médicos me habían matado de sed, él decidió que yo muriera tranquilo, introdujo hielo en mi boca y, como una consecuencia de ello, lentamente regresé de este corto, pero muy grato viaje, a las dimensiones inmateriales de la existencia. Fue un bello "encuentro con la muerte".

El cabo de la realidad, de mi nudo, se desplazó con fuerza hacia la otra orilla del lazo y se me abrió un nuevo mundo de posibilidad.

Abandoné la religiosidad e inicié, en un nuevo laberinto, la búsqueda del nuevo sentido, ahora desde la racionalidad consciente, adoptando la intelectualidad como una forma de supervivencia.

Recurrí al conocimiento, obtuve un grado, una especialización, una maestría y un doctorado, pero la verdad, los encuentros desde allí no fueron tampoco nunca suficientes. El camino laboral tampoco lo fue.

Entonces, simultáneamente dancé por diferentes escuelas y movimientos denominados esotéricos, me convertí en un buscador incansable de sus paradigmas, subí y descendí por creencias y avatares y, año tras año, el espíritu de la vida me mostró que todo son apariencias, percepciones y juicios.

¿Por qué, por estos dos caminos de ciencia y religión, el nudo gordiano de mi existencia no encontraba el rumbo hacia su disolución?

"La filosofía es como estar en un cuarto oscuro, buscando un gato negro. La metafísica es como estar en un cuarto oscuro, buscando un gato que no está allí. La teología es como estar en un cuarto oscuro buscando un gato oscuro que no está ahí, y además gritar ¡lo encontré! Para convencer a los demás" ...

CLAVE PARA DESATAR
EL NUDO

"Lo que tú eres se refleja a tu alrededor y dónde quiera que estés ves tu propia realidad"

"Del vacío del sabio surge la quietud. De la quietud la acción. De la acción el logro"

— CHUANG TZU

WU WIE, AL ARTE DE LA NO ACCIÓN

Esperar... Observar...dominar la frenética búsqueda...

Una clave para desatar este nudo nace en las enseñanzas de Lao Tsé, con su doctrina del wu wei:

"El no actuar, no intervenir, dejar a las cosas seguir su curso natural porque la naturaleza, en el Tao, es divina, la madre de todo y de todos".

— TAO TE CHING

La mejor manera de enfrentar una situación es no forzar ninguna solución, sino permitir que la vida fluya y confluya.

Ese comportamiento debe constituirse en una elección.

"A las brujas no las quemaron por malas. Las quemaron por inteligentes, por rebeldes, por ser mujeres libres. Por querer ser parte de la historia. Por adquirir conocimientos reservados para los hombres".

EJERCICIOS DE INDAGACIÓN Y APLICACIÓN

1. Sincronízate con el fluir de la naturaleza y el cosmos.
2. Deja que las cosas tomen su curso normal y adáptate a él.
3. Acepta las cosas tal cual ellas son y cultiva el equilibrio emocional, a través de la aceptación activa.
4. Acepta el hecho de que los problemas son más una creación de nuestras creencias y actitudes defensivas, de nuestras decisiones y de nuestras acciones.
5. Deja que la mente fluya y confluya.
6. Aprende a mirar y a esperar ...
7. La intuición aflorará y entonces sabrás que hacer.

8. Dirige tus emociones y sentimientos a través de tus pensamientos.

9. Observa tus pensamientos para impedir que lo exterior ejerza influencia sobre lo que sucede en tu interior; más bien trata de que tu interior ejerza una influencia poderosa, satisfactoria y benéfica sobre el mundo externo. Así consigues liberarte de la dualidad y del conflicto y empiezas a ser tú mismo.

VI. OTROS SENDEROS: LAS ESCUELAS INICIÁTICAS

"Desde el punto de vista espiritual el paso del siglo XIX al XX tuvo una particular repercusión en la conciencia colectiva de la humanidad. El siglo XIX se caracterizó por el apogeo del materialismo. A la par, los impulsos de **la Era de acuario** hicieron que en muchos hombres se incrementara, consciente o inconscientemente, un anhelo intenso por el mundo espiritual, calando cada vez con más intensidad en la conciencia del ser humano la sensación de que muchas ideas -en especial de carácter religiosohabían quedado obsoletas y cristalizadas, y que el nuevo siglo habría de dar paso a **una sociedad nueva y a un hombre nuevo**".

— ESCUELA DE LA ROSACRUZ AUREA

CURIOSIDADES

Si observamos la historia de la humanidad y de las civilizaciones, podremos comprobar sin lugar a dudas que existe una ley inexorable que gobierna este mundo espacio-temporal. Tal ley podría formularse de la siguiente manera: *"Todo tiene un comienzo, un desarrollo y un final"*. Con otras palabras: *"todo nace, crece, brilla, decrece y tarde o temprano, muere"*.

En todos los tiempos el hombre ha intentado humanizar las verdades eternas y de ahí han surgido todos los temas filosóficos, que posteriormente han dado lugar a estructuras dogmáticas que contribuyen a poner pesadas lozas para el libre pensamiento del hombre corriente, cuando este busca las respuestas a las apremiantes preguntas existenciales, de quienes somos, de dónde venimos y para dónde vamos.

PREGUNTAS

- ¿Qué convoca a un ser humano a manifestarse en esta realidad?...
- ¿Cuál es el sentido de la vida?...
- ¿Traemos una misión a cumplir?...
- ¿Cuál es la tarea?...

CONTEXTO

En la idea de "alcanzar el paraíso", los científicos y los humanitaristas (diferente a los humanistas), han realizado esfuerzos constantes para conseguir un progreso real en la humanidad, ansiando convertir nuestro mundo en un paraíso terrenal.

Los religiosos y ocultistas, a su vez, se han orientado hacia la existencia de otra vida después de la muerte. Ellos confían en que, tras la muerte, como premio a sus penas y esfuerzos durante la vida, podrán entrar en ese pretendido paraíso. Y buscan, en una vida en el más allá, la culminación de todas sus aspiraciones.

El esfuerzo que realizan unos y otros, desconociendo que la espiritualidad es algo que se desarrolla internamente en el alma, puede compararse al trabajo de Sísifo: *"cuando creemos haber alcanzado la cumbre y nos vemos liberados de nuestra carga, ésta cae de nuevo abajo y todo debe comenzar de nuevo, en una rotación perpetua".*

Escritores como Nietzsche y Gustav Meyrink; músicos como Satie y Debussy y algunos pintores simbolistas, e incluso científicos como Jung, buscaron la respuesta al mundo del espíritu de manera intuitiva y adhiriéndose a las antiguas tradiciones o a los restos desvirtuados de ciertas escuelas de carácter oculto, fueron conduciendo a proyectar una espiritualidad que se convirtiera en una realidad de existencia; donde el proceso de discernimiento empezara a ocupar un lugar central y, en consecuencia, la búsqueda de un esfuerzo para que la espiritualidad que se desarrolla en el alma humana asuma el rol y posición predominante, proyectándose primero en sí misma y luego en todo lo que la rodea.

La parte emocional que nos acompaña, inherente a nuestra naturaleza humana, viene a la escena como un componente "nuevo" de la espiritualidad, que demanda ser estudiado, desglosado y analizado de cerca, si se quiere comprender realmente como se alcanza la consciencia elevada y con ella la verdadera espiritualidad.

LA BÚSQUEDA INTERIOR

"Las personas ven en el mundo lo que llevan en su interior"

— GOETHE

Desde los tiempos más remotos, el hombre ha realizado un considerable esfuerzo para vencer los obstáculos de la naturaleza, para alcanzar un progreso real y así conseguir una mejor y más efectiva satisfacción de sus necesidades.

Día tras día, se vuelve más palpable que todo aparente avance en cierto sentido, supone también un retroceso en otro; que cada mejora en el nivel de vida alcanzado por la sociedad debe ser pagado a un precio a veces excesivamente elevado.

La idea de un desarrollo sostenido, de un continuo avance en el progreso, empieza a considerarse ya como algo utópico, como algo propiciado y fomentado para orientar el comportamiento de las personas hacia metas irreales, e incluso equivocadas.

"La conciencia del hombre es confrontada así continuamente con sus propias limitaciones en este mundo. Y esta confrontación se repite y se repetirá siempre hasta que el hombre descubra el verdadero sentido de su existencia, y comience su búsqueda de la Verdad".

— ESCUELA DE LA ROSACRUZ AUREA

LAS ESCUELAS INICIÁTICAS

Una diferente espiritualidad fue promovida durante el siglo XX por las llamadas escuelas iniciáticas, las cuales pretendieron ayudar al ser humano para que encuentre la sabiduría, que le aporta todo el conocimiento relativo a su verdadero origen y destino, a que sea consciente y restablezca el contacto con su alma, y que sea capaz de protegerla, amarla y permitir su desarrollo.

En ese esfuerzo podemos encontrar, entre muchas escuelas, la Teosofía de H. Blavatsky, la antroposofía de Rudolf Steiner, la Rosacruz de Max Heindel, la Escuela de la Rosacruz Aurea de Jan van Rijckenborgh ... y un largo etc.

VIVENCIAS

Una vez me retiré del seminario y después de haber caminado muchos años por el mundo de la religiosidad y de haber comprendido que el hombre que quiere colaborar en la búsqueda de su alma debe plantearse *"dejar de ser para ser"*, entendí que debería orientarme cada vez más profundamente interiormente y observar de qué manera mis deseos estaban o no proyectados al mundo material y cómo mis preocupaciones bloqueaban el proceso de renovación de mi consciencia y por lo tanto de mi alma.

Decidí entonces incursionar en la filosofía hermética e incorporarme a ese sendero de búsqueda.

Asistí primero a una serie de "movimientos", en los cuales permanecí poco tiempo, luego estos me mostraron el camino hacia la Masonería, allí permanecí durante cinco años.

En este proceso fui guiado al lenguaje de los símbolos y al cómo interpretar este lenguaje como sagrado y, con él, como comprender las historias simbólicas, desde el conocer los principios evolutivos que se dan en el campo mental, a través de los cuales se produce el desarrollo de la consciencia. Un buen ejemplo sería el siguiente:

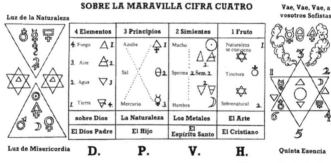

Notas:

- Quien entiende bien este cuadro, puede ver como uno origina del otro. Primero todo yace escondido en el número 4. Los elementos en todas partes, de estos provienen los tres principios.

- Que forman los dos sexos, macho y hembra, del Sol y la Luna, el Hijo Imperial nace de esto: Sin igual en este mundo, dominando todos los reinos.

Aprendí de discreción, esperanza, fuerza y fidelidad a la doctrina, y hasta que *"Por medio del Fuego, se renueva perfectamente la Naturaleza"*.

"Igne Natura Renovatur Integra" I ∴ N ∴ R ∴ I ∴ iniciales misteriosas que encierran el secreto de la palabra sagrada de los Caballeros Rosacruces.

*Estas cuatro letras en lengua hebraica, son las iniciales del nombre de los cuatro elementos primitivos conocidos en la antigua física: **I**aminim = Agua. **N**our = Fuego. **R**auch = Aire. **I**abschah = Tierra.*

Pero siempre me quedé en debe, dado que evidencié que la Masonería moderna convirtió los símbolos universales en imágenes propias del planeta y desde allí, en mi sentir, se perdió ... quedándose en los rituales.

Luego, gracias a aquello aprendido en la masonería de los caballeros Rosacruces, me desplace de nuevo en la búsqueda y fue cuando conocí la Rosacruz Áurea, y allí permanecí veintiséis años, buscando encontrar las respuestas que mi alma anhelaba.

En esta Escuela encontré mucha luz para el camino..., conocí y reconocí las grandes verdades gnósticas, la alquimia rosacruz y muchas cosas más asociadas a la ilusión del aquí abajo y del más allá.

Los años vividos al interior de la Escuela de la Rosacruz Aurea me mostraron, mediante una filosofía y una práctica expresada a través de alegorías, signos y símbolos, que *"no es desde el conocimiento exterior, sino desde el acercamiento al sentido real de la vida, al reconocimiento de las verdaderas causas de la existencia, desde donde resuena la llamada de la Enseñanza Universal, para que el hombre vuelva a encontrar las maravillosas fuerzas presentes en su ser más profundo y despierte de nuevo a la vida lo originalmente divino"*...

Sin embargo, allí también aprendí que podemos hablar de la gnosis en su manifestación actual, del Nuctemeron, de iniciación - iluminación y liberación, de Cristianopolis, de arte alquimia y simbología, de arquitectura sagrada, de la gran pirámide y la gran revolución y de mil temas más asociados al esoterismo, pero **si no sabemos o no podemos bajarlo a la acción transformadora** no sirve de nada ese conocimiento, y por el contrario este se convierte en un lastre que "nos camufla y protege" en el "no hacer" debiendo hacer.

"Creer que lo espiritual es tan alto que no lo podemos entender como algo encarnable y encarnado, ni podemos transmitirlo de manera tal que pueda expresarse en lenguaje traducible a la acción cotidiana, para que la experimentación se vuelva la clave de la comprensión, hace la espiritualidad inviable y nos devuelve a la religiosidad dogmática del templo, los ritos y los cánticos, como si eso fuera lo esencial".

Con el paso de los años, volvió mi incertidumbre y, cada vez viví con más fuerza la expresión "*existe una disipación*", contenida y explicada en extenso en el undécimo libro de Hermes Trismegisto, y comprendí que por ello todo se vuelve espejismo, diversión, falta de concentración y reflexión, y finalmente llamada a la renovación, en una ininterrumpida repetición.

Aún sentía la íntima necesidad de penetrar en el profundo significado de la liberación y superar las pretendidas culturas espirituales y sus enseñanzas sobre el Orden Natural Original, centradas en filosofías que, escondidas en lenguajes simbólicos, icónicos, literarios y poéticos, en templos, ritos e himnos, me impedían que luego de haber comprendido la idea, pudiera en verdad abrirme paso a la acción que libera; experimentando, aprendiendo y comprendiendo de la transformación que se da cuando establecemos una nueva relación dimensional; donde **"los Creadores, Administradores y Pedagogos del Universo, diseñan, orientan y enseñan y nosotros, como sus alumnos y discípulos, despertamos nuestra conciencia trascendente dormida y nos ponemos a caminar de una manera diferente"**.

Aquí podría hacerme muy extenso...

Pero una vez más, al hacer preguntas a las creencias volví a la certeza de que las asociaciones y fraternidades religiosas, científicas y filosóficas, por espirituales e iniciáticas que parezcan, al final del camino se cierran en su propio dogma y en el poder de las jerarquías humanas, que hacen cada más apretado el nudo de la Verdad Universal, impidiendo ver y sentir más allá de ellas mismas, pues una y otra vez reiteran el postulado "fuera de mí no hay salvación" y "el que no está conmigo esta contra mí", *"generando mística, contemplación, ritos, cánticos, sublimación, devoción, ensimismamiento, abstracción, éxtasis, arrebato y recogimiento. Estos métodos atrapan el desarrollo espiritual y lo determinan a encauzarse para poderlo sentir y expresar".*

Y una nueva dimensión del nudo se me reveló.

Solemos hablar del conocimiento exterior de las cosas. Esta forma de conocer consiste fundamentalmente en la acumulación de datos sobre las cosas y las personas. Estos, obtenidos por medio de la capacidad intelectual del hombre, son, con posterioridad, rechazados o almacenados en la memoria.

Existe, por otro lado, una manera diferente de conocer las cosas que denominamos "saber".

Sucede, entonces, que la mirada no queda detenida en la apariencia exterior de las cosas y los fenómenos, sino que es capaz de atravesarlos e ir hasta su núcleo.

Y de nuevo al comienzo... Esta vez por la vía de la psicología espiritual.

CLAVES PARA DESATAR EL NUDO

- *Espiritualidad es una forma de pensar, una manera de existir.* Puede existir espiritualidad sin religión. La espiritualidad no es una expresión de carácter o personalidad, no es una aptitud ante la vida o una forma esquemática de ser*. La espiritualidad es la esencia positiva que rige la vida, las actitudes, la manera de vivirla y la forma de sentirla".*

- La clave está en preocuparnos por indagar y tener la voluntad de aprender.

- Estamos en los albores, donde despertaremos a una nueva conciencia, y esto significa *encaminarnos hacia las ciencias internas, donde podremos tener todas las respuestas que el Universo nos puede dar.*

- *"La espiritualidad es la forma de venerar a un dios o varios dioses a través de una estructura como la religión, o a través de pensamientos y actitudes no estructurados. Uno de los objetivos de las religiones es experimentar y expresar la realidad en su dimensión trascendental. Esta expresión siempre **se desarrollará influida por la cultura de la sociedad en la que se expresa** y podrá parecer inaceptable o incomprensible para otras culturas dicha forma de expresión.*

- *La espiritualidad está llamada a ser una disciplina universal en el grado en que dichas culturas sean capaces de liberarse de las particularidades culturales (que pueden creer únicamente válidas)".*

EJERCICIOS DE INDAGACIÓN Y APLICACIÓN

Rudolph Steiner plantea las siguientes condiciones previas para el progreso esotérico - espiritual:

1. **Práctica de la concentración**: lograr el control de los pensamientos durante unos pocos minutos asiduamente todos los días.
2. **Práctica del control de la voluntad**: realizar una o más tareas positivas, aunque sean relativamente insignificantes a la misma hora del día todos los días.
3. **Práctica de la ecuanimidad**. Aprender a estabilizar las fluctuaciones de placer y dolor, alegría y tristeza.

4. **Práctica de la búsqueda de lo positivo** en todas las cosas y acontecimientos; resistencia a la crítica adversa.

5. **Práctica de apertura** a experiencias e ideas nuevas.

VII. POR LA VÍA DE LA PSICOLOGÍA ESPIRITUAL

"Ved también: cuando alguien sube a un monte y llega a la cima dice: Alcancemos la otra cima y al alcanzarla ven otra más lejos, hasta que suben a la cima desde donde ya no se ve ninguna otra más alta a alcanzar... **Cada uno ve la verdad según su mente** y en este momento, **hasta que una verdad superior le sea revelada**. Al alma que recibe una luz superior se le dará más luz. Por consiguiente, no condenéis a los otros para que no seáis condenados" —*El Evangelio de los 12 Santos*

CURIOSIDADES

Hermes Trimesgisto, desde el antiguo Egipto, dice a Asclepios, su alumno: ***"Todas las cosas perceptibles por el ojo son apariencias, semejantes a sombras.*** *Pero todo aquello que escapa a los sentidos, se encuentra más cerca de la esencia del Bien y la Belleza.*"

El Renacimiento produjo el amor y el culto a la Antigüedad clásica... por ello el Humanismo quedó ligado históricamente al Renacimiento... y durante este llamaron Humanistas a los eruditos, que buscaban en los clásicos de la Antigüedad los ideales y normas de su tiempo, y a los que propugnaban por una reforma total del hombre, por una inversión de los valores vigentes durante la Edad Media.

PREGUNTAS

- ¿Qué información manejan los creadores y administradores del Universo?
- ¿Qué información manejan los alumnos y discípulos humanos?
- ¿A qué tipo de información se le llama revelación?
- ¿Qué se necesita conocer para entresacar información de los libros sagrados?
- ¿Cuáles son los principios básicos para interpretar los libros sagrados?

CONTEXTO

"**Espiritualidad es comprender que la vida tiene un sentido y un propósito**"

— EL SER UNO

DESPERTAR

"*Despertar es encontrar la clave del camino correcto – dijo el hermano Elohim - Muchos de ustedes sueñan y viven dormidos. Algunos viven horribles pesadillas y estas tienen que ser entendidas* **para que los nudos energéticos se desaten y el alma pueda continuar**. *La vida desenfrenada de un sin número de seres, tiende a llevarlos por caminos sin retorno, se pierden en el infinito del sueño y de la irrealidad*"

'' ¿Existe una psicología espiritual?... Sí, existe, es la forma correcta de trabajar la elevación del alma – respondió el hermano Elohim – La Psicología espiritual sería comparada al análisis constante que el alma debe realizar consigo misma, significa vivir con el dolor y enfrentamiento de la causa y efecto y aprender de las experiencias y vivencias''.

La vida real empieza, cuando ustedes abren los ojos y dejan de soñar dormidos, para comenzar a soñar despiertos. Desentrañar el alma no es fácil, pero tampoco imposible – dijo el hermano Interano – psicoanalizar las emociones es un tema delicado, pero es de valientes, porque el alma se enfrenta a situaciones adversas, delicadas y sufrientes''...

Texto: EL SER UNO V –

Los Interanos - La Ciudad de Cristal. www. elseruno.com

El alma debe hacer consciencia de sí misma y de su entorno, preguntarse quién es, observarse de manera objetiva, verse como realmente es, sin fantasías de ninguna clase, es decir aceptando la realidad, por cruda que ella aparezca, sin identificarse con falsas imágenes, ni viviendo en fantasías que le impiden salir del sueño de su inconsciencia.

VIVENCIA

En este punto del camino me encontraba cuando llegaron a mi vida los libros de EL SER UNO, los cuales leí como un sediento bebería agua en un oasis. No podía detenerme en su lectura, la cual me envolvía cada vez con mayor fuerza. Era como si los contenidos de esos libros fueran contextos y textos que mi alma había olvidado y que ahora recordaba.

Mi resonancia con los contenidos de estos libros fue absoluta y mi deleite en ellos provino especialmente de esta reflexión:

"EL SER UNO **es una estación en el camino del alma.** *Es una fuente de agua cósmica para saciar la sed del Espíritu. Es un lugar de descanso, donde el peregrino encuentra una posada y se aloja por un tiempo, para*

*vivir y aprender de las experiencias y vivencias del Conocimiento, Entendimiento y Amor. Una vez haya saciado y bebido el agua de esa fuente, partirá nuevamente encontrando en su aventura otras estaciones y fuentes, las cuales le indicarán la travesía del corazón y Alma hacia el camino de la LUZ y del AMOR UNIVERSAL. **Son miles de fuentes las que el viajero cósmico encontrará en el caminar de su existencia eterna e infinita.** Es el viaje que todas las almas emprenden para regresar a quien les dio la vida y la existencia"* ... *EL SER UNO.*

Que diferente esta concepción a aquellas fundamentadas en el de "fuera de mí no hay salvación", y que invitación maravillosa a disfrutar de una enseñanza que invitaba a soltarla luego para poder avanzar.

En la página https://conversandoconelseruno. blogspot.com/p/los-libros.html) podemos encontrar los 12 libros.

En la lectura y vivencia de estos libros fui encontrando, a torrenciales, una nueva comprensión y desde ella pude asumir la significancia de eso que llamaba nudos y la magnificencia de lo que cada nudo aportaba a mi crecimiento personal y espiritual.

Recordé que LA ESPIRITUALIDAD es comprendida por la psicología como un recurso humano poderoso, el cual se relaciona directamente con el SENTIDO VITAL, ya que ella nos conduce a actuar desde una CONSCIENCIA MAYOR Y PROFUNDA de nosotros mismos y al mismo tiempo desde una dimensión que nos ayuda en la trascendencia evolutiva y en la elevación de nuestro ser.

Entendí que existen almas espirituales y almas humanistas y que cuando espiritualidad y humanismo van juntos se trabaja simultáneamente en dos realidades: planeta tierra y universo.

Un alma humanista se cuestiona en torno a los valores de la moral y la ética y por ello se dirige hacia la espiritualidad, trabajando en superar lo incorrecto e incentivándose a verse, valorarse a sí misma, y a buscar en verdad convertirse en un alma espiritual; dando importancia a los tres cuerpos, en los cuales vivimos, para realizar la transmutación alquímica del espíritu, el alma y la materia, en una cadena energética de evolución y elevación, la cual se da experimentando y vivenciando la espiritualidad en la práctica de la vida.

El alma necesita albergarse en un cuerpo físico, y los dos necesitan trabajar en conjunto para formar el espíritu. En su trasegar por esta existencia se vive el proceso desde el hacer de la espiritualidad una forma de vivir, una manera de ser y una existencia real; construyendo sentido para la propia existencia, desde el contemplar la espiritualidad como una necesaria concreción, que se expresa más allá de los saberes, en una forma de vivir interiormente, sin olvidarse de todo lo demás.

EL SER UNO me enseño que las almas espirituales se dedican a la mejoría de su alma, estudian, analizan, trabajan con sus emociones, logrando transmutarlas de negativas en positivas y desde allí van alcanzando el despertar de su consciencia. Estas almas tienen la capacidad de comprender lo que son y el papel que desempeñan en el mundo como seres humanos.

También aprendí que las almas espirituales humanistas trabajan para sí mismas y para su entorno, viviendo desde lo filosófico, psicológico y espiritual.

Que las almas espirituales trabajan comprendiendo su realidad y su entorno profundamente, mientras entretejen en sus vidas la ética, la moral y los valores humanos.

Que las almas espirituales, se identifican en conjunto con la naturaleza, en donde todos formamos UNO, desde la expresión de todo lo correcto, elevado y trascendental, eso que llamamos Espíritu y que nos conduce a comprender que la verdadera vida del ser humano se encuentra en su interior.

Lo que vemos con nuestros sentidos no es la verdadera vida.

Cada ser humano necesita descubrir su propia vida interior, para vivir plena y verdaderamente, por fuera del adoctrinamiento del dualismo y del pensamiento material, el cual nos conduce, por inducción colectiva, transmitida, impuesta y obligada, a la separatividad.

A partir de la llegada a mi vida de los libros de EL SER UNO reforcé mi certeza en las enseñanzas del Evangelio de los 12 Santos: *"Sed Fieles a la luz que tenéis, hasta que una luz superior os sea dada. Buscad más luz y la tendréis abundantemente; no descanséis hasta que la encontréis"*

La vivencia experimentada, a partir de los libros de EL SER UNO, me enseño las diferentes formas del despertar de la consciencia y en ese despertar me consolidó la creencia de que el mensaje y los contenidos de cualquier enseñanza espiritual, así como el de estos libros, deberían ser entendidos y asumidos como una estación en la vida, como un punto de partida para "las verdades superiores" que nos van siendo reveladas y como una canalización, desde la cual poder partir hacia nuevos conocimientos y prácticas liberadoras.

Por eso, cuando llegaron a mis manos los libros de la Escuela de Magia del Amor, con la invitación a profundizar, de la mano el Maestro Gerardo Schmedling Torres, me encontraron en apertura de presencia y consciencia para volver sobre lo aprendido en torno a la Enseñanza Universal, resignificándolo para seguir avanzando.

LA ENSEÑANZA SILENCIOSA

"La información de la verdad, ha sido transmitida a lo largo de la historia de la humanidad, utilizando

diferentes métodos, que van desde lo que llamamos dones, como la profecía, la intuición, la revelación, la premonición, la telepatía, la canalización, etc. pasando también, por diferentes estados mentales dimensionales, como sucede en los sueños, la meditación y la abstracción, donde se reciben diferentes lenguajes, imágenes, simbolismos, claves de acceso y por supuesto, también están las apariciones, y los contactos directos con maestros materializados y seres venidos de otros lugares del universo, llegando finalmente hasta los métodos que llamamos de Rigor Científico. Sin embargo, la información recibida por cualquier método, para poder llamarla VERDAD, necesita primero ser verificada en resultados medibles, replicables y aplicables, para que se convierta en COMPRENSIÓN"

La interpretación, manejo y verificación de la información recibida por los diferentes medios, requiere de un cierto nivel de conocimiento de las leyes que rigen la pedagogía del universo, la cual, conduce al reconocimiento de la LEY y a la Comprensión del orden perfecto del universo.

ESCUELA DE MAGIA DEL AMOR

Sumando lo aprendido con los libros de EL SER UNO y los de LA ESCUELA DE MAGIA DEL AMOR, para mi adquirieron gran sentido cada uno de los senderos que había recorrido, pues ellos fluyeron y confluyeron para que yo pudiera llegar hasta aquí, y para que así pudiera ver que cada momento vivido existió, no para atar, sino para desatar cada uno los nudos de mi existencia, los cuales fueron creados por mis imaginarios.

Del Maestro Schmedling aprendí que *"detrás de todo fenómeno hay una ley, que debe ser experimentada a través de nuestra propia experiencia"*, entendiendo la razón de ser de nuestra existencia en este planeta y dándole un profundo sentido a todas la experiencias que en él se viven; lo cual, nos ayuda a liberarnos de la creencia del culpable y de la idea de la injusticia, al comprender, que todo suceso responde simplemente a un propósito pedagógico perfecto para llegar a descubrir la ley que lo rige y de esta manera, poder trascender el conflicto, la enfermedad, el dolor y la muerte... *"quien vive respira, quien lee aprende, quien actúa comprende y quien practica sabe. … quien comprende la naturaleza es un habitante armónico, quien comprende al Ser Humano es un ser evolucionado y quien comprende a Dios se diviniza."*

Y acompañado de la pluma del maestro Schmedling comprendí porque todas las cosas se pueden hacer mejor de lo que hasta ahora se han hecho; que el ser humano puede cambiar, que el amor es universal y que el estudio y comprensión del porqué de las cosas que existen y suceden nos puede llevar a leer los códigos de la naturaleza y a regirnos por las leyes universales, que él sintetiza así:

1. **Leyes de la naturaleza:** Las Leyes de la Naturaleza tienen la función principal de generar y mantener en perfecto estado de funcionamiento, todo lo relacionado con la materia y los organismos vivos. Esto quiere decir, que mientras no intervenga ninguna fuerza extraña a la naturaleza o algún ser que viole estas leyes, la naturaleza se mantiene en un estado de equilibrio perfecto y se renueva constantemente en sus tres reinos principales (mineral, vegetal y animal). Sin embargo, este paradisíaco

estado natural, no sirve por sí solo para la Evolución de la Conciencia, pero sin la naturaleza, no es posible hacer la Evolución de la Conciencia.

Los postulados de esta ley son los siguientes:

- *Todo lo que es complementario se atrae.*
- *Todo ser viviente requiere del alimento específico para su especie.*
- *Toda manifestación natural requiere de las condiciones propicias.*
- *Todo ser viviente tiene por instinto el sentido de la Ley.*
- *Todos los ciclos de la naturaleza tienen funciones específicas.*
- *Toda violación de la ley produce graves consecuencias.*
- *Todo ser viviente tiene su función.*

1. **Leyes de la armonía:** Las leyes de la armonía son las que permiten vivir en equilibrio, adaptándonos a las características y circunstancias específicas del lugar y de las personas donde nos corresponda estar, tomando las actitudes

más adecuadas frente al medio y a las situaciones que nos rodean, sin dejamos afectar o alterar, por los procesos que la vida presenta como una oportunidad para el desarrollo de la Conciencia.

Los postulados de esta ley son los siguientes:

- *Todo lo que se emite, acciona, reacciona y vuelve.*
- *Todo lo que se ataca se defiende.*
- *Todo lo que agrada se acepta.*
- *Sólo el amor puede transformar las bestias en hombres.*
- *Sólo la comprensión evita la destrucción.*
- *Debemos manejar las situaciones y no ser manejados por estas.*
- *El ejemplo es el mejor maestro.*

1. **Leyes de la Correspondencia.** Las leyes de la correspondencia determinan la característica de las experiencias de vida de cada persona y también, el lugar y las situaciones específicas, acordes con su propia necesidad de aprendizaje, al igual que, el tipo de relaciones, negocios,

trabajos, profesiones y funciones, que las personas desempeñarán durante su experiencia de vida.

Los postulados de esta ley son los siguientes:

- *Toda situación es un aprendizaje.*
- *Toda circunstancia es generada por uno mismo.*
- *No hay ningún evento que no corresponda con quien lo vive.*
- *Estamos ubicados en el lugar que exactamente nos corresponde.*
- *Venimos a la vida con lo necesario para vivirla.*
- *Sólo sucede lo que tiene que suceder.*
- *Sólo se da o se tiene lo necesario.*

1. **Leyes de la Evolución.** Las leyes de la evolución, son las que permiten enlazar, relacionar y aprovechar, todos los niveles y circunstancias que se dan dentro del triángulo inferior de las leyes, para producir las transformaciones necesarias en la mente de cada persona y permitir el paso de las experiencias de un nivel inferior, al

siguiente superior, dentro del proceso de Evolución de la Conciencia Permanente.

Los postulados de esta ley son los siguientes:

- *Sólo la experiencia permite comprender la verdad.*
- *Sólo los opuestos inducen el desarrollo de la conciencia.*
- *Sólo se asciende de nivel mediante la transformación correspondiente.*
- *Sólo se es el resultado de uno mismo.*
- *Sólo enfrentamos las situaciones que no hemos comprendido.*
- *Sólo la necesidad de comprensión es la razón de la existencia física.*
- *Sólo desde el desequilibrio se puede reconocer el equilibrio.*

CLAVES PARA DESATAR
EL NUDO

Si queremos desatar el nudo tenemos que empezar por aceptar aquello que ahora somos, nuestra historia, el pasado, el presente. Decirnos la verdad para comenzar a nacer de nuevo, sin ocultar nada.

Todo lo que hemos recorrido tiene sentido. Lo hemos co-construido para nuestra evolución y elevación, física, emocional, sentimental, intelectual, comprensiva, intuitiva, artística, espiritual, receptiva y original, como una relación de causa – efecto de aprendizaje de experiencias para llegar a lo correcto; a partir de la seguridad de nuestra consciencia (conocimiento), la confirmación de nuestra libertad (entendimiento) y el amparo y tutela de lo que es el verdadero sentimiento del amor Universal.

Estamos en este planeta para ver, experimentar, sentir, entender, comprender, percibir, transformar, purificar, recibir e instalar en nuestras consciencias una nueva presencia; que nos haga posible sanar, liberar, soltar, previo un esfuerzo por despertar nuestra consciencia; vivir antes de morir, asumiendo la mochila evolutiva de la especie e integrando en nuestro día a día la práctica de la atención plena; dirigiéndonos hacia lo positivo de la vida y a la realización de ello con consciencia, sensibilidad, intuición, ecuanimidad, carácter y personalidad.

Actuemos en consecuencia:

1. *Sabiendo que la intolerancia se encuentra en todos los niveles y religiones del planeta, dado que cada una de ellas "aclama su veracidad como incontestable, rígida e inmutable", y que las instituciones religiosas nos han mantenido ignorantes, dominados y esclavos, bajo creencias manipuladas e inciertas, que en vez de unirnos nos han separado, convirtiéndonos en seres débiles y dependientes"*

Explora los libros espirituales que desees, buscando superar los ISMOS a los cuales nos han conducido las religiones, hasta que llegues a comprender que no son los ritos, oraciones, cánticos o ejercicios místicos los que te están espiritualizando; como tampoco todo aquello que se ofrece en el "mercado espiritual" de cursos y técnicas para alcanzar la iluminación... sino que es tu conciencia de la obra, acción y pensamiento, en tu diario quehacer lo que te convierte en un ser espiritual, pues es allí donde elevas el voltaje energético, apoyado en secuencias correlativas del ser, que te convierten en parte del Todo y para Todo.

1. Conviértete en un analista universal.
   Esfuérzate por indagar, investigar, estudiar, conocer las causas y los efectos, analizando, conociendo y entendiendo los símbolos, las ideas y los pensamientos que te sean transmitidos, para extractar de ellos aquello que te libera. Así despertarás, aprenderás cuando hablar, callar, aconsejar, discernir, aplicar, respetar e intervenir, sin imponer, obligar o esperar algún retorno.

2. Activa el conocimiento, conviértelo en entendimiento y tradúcelo en amor. Así el conocimiento será tu capacidad, el entendimiento tu fuera y el amor tu verdad.

3. Plasma y ejecuta. Para ello: indaga, cuestiona, analiza, razona, produce pensamientos positivos, ama la vida y a todo lo que te rodea.

4. Sabiendo que el Universo funciona por Ley de Compensación, haz que tus acciones, obras y pensamientos sean siempre parte de tu SER y no de tu tener, revirtiendo lo que sea necesario para poder vivir la vida como un presente vivo, transmutando las emociones en sentimientos orientados al orden, la ecuanimidad, el amor, la libertad, la consciencia, etc.

5. Auto obsérvate: Reconoce con humildad las emociones negativas enfermas que te habitan, clasifícalas, estúdialas, acéptalas, exponte ante ellas. No las niegues, ni las evadas: confróntalas, buscando los sinónimos y antónimos de cada una de ellas, con el objeto de transmutarlas y así vencer en la lucha emocional, con

conocimiento, entendimiento y amor y de liberar la obra, acción y pensamiento que desde aquí se produce.

EJERCICIOS DE INDAGACIÓN Y APLICACIÓN

La Acción individual proviene, en definitiva, de las ideas y creencias que llevamos depositadas en la mente. La acción consiste en llevar a cabo la obra del pensar, por ello:

1. *"Descubre el Reino de Luz Dorada que existe dentro de cada uno de los seres humanos, sabiendo que este le concede a la persona, el acceso a la verdad acumulada en su interior y recogida a lo largo de miles de millones de años de peregrinaje de la Conciencia, a través de los diferentes Reinos de Su Padre Absoluto.*

2. *Reconoce que Los secretos, la información, los métodos y los ejercicios necesarios para encontrar la verdad y poder acceder al Reino*

del Amor, siempre han sido enseñados por los Maestros en todas las culturas y en todas las épocas de la humanidad. Estas enseñanzas, han sido escritas en forma simbólica, empleando claves, parábolas, metáforas, historias y cuentos para niños, con el propósito de protegerlas de la acción de la ignorancia, que destruye todo lo que no comprende, **preservando de esta manera la información solamente para aquellos que, en la búsqueda de la verdad, han descubierto las claves del amor** *y pueden comprender el profundo simbolismo de las historias llamadas sagradas y de los cuentos de hadas destinados a los Niños".*

3. Busca el libro el Kybalion, estudio sobre la Filosofía Hermética del Antiguo Egipto y Grecia, de Hermes Trismegisto, creador de la filosofía llamada "Hermética", considerado el padre de la sabiduría egipcia, de la astrología y el descubridor de la Alquimia. En el capítulo II de este libro descubrirás los siete principios Herméticos sobre los cuales se basa toda la filosofía hermética. El capítulo se inicia así:

"Los principios de la verdad son siete: el que comprende esto perfectamente posee la clave mágica ante la cual todas las puertas del Templo se abrirán de par en par".

— EL KYBALION

Y luego desarrolla siete capítulos, uno por cada principio, los cuales se sintetizan de la siguiente manera:

1. **Principio del Mentalismo:** *"El Todo es Mente, el Universo es mental".* Lo que pensamos determina nuestra realidad, somos exactamente lo que pensamos.

2. **El Principio de Correspondencia:** *"Como es arriba, es abajo; como es adentro, es afuera".* Todo lo micro es fiel reflejo de lo macro. Siempre hay una cierta correspondencia entre las leyes y los fenómenos, entre los estados del ser y de la vida. Todo está correlacionado. Todo es proyección.

3. **El Principio de Vibración:** *"Nada está inmóvil; todo se mueve; todo vibra".* Todo está

en movimiento y nada permanece inmóvil. Todo tiene una vibración; cuanto más alta sea ésta, más elevada es su posición en la escala. La vibración del espíritu es de una intensidad infinita que prácticamente puede considerarse como si estuviera en reposo; de igual manera que una rueda que gira rápidamente parece que está sin movimiento. Y en el otro extremo de la escala hay formas de materia densa, cuya vibración es tan débil que parece también estar en reposo. Entre ambos polos hay millones de grados de intensidad vibratoria.

4. **El Principio de Polaridad:** *"Todo es doble, todo tiene dos polos; todo, su par de opuestos: los semejantes y los antagónicos son lo mismo; los opuestos son idénticos en naturaleza, pero diferentes en grado; los extremos se tocan; todas las verdades son medias verdades, todas las paradojas pueden reconciliarse".* Todo es dual y tiene dos polos, dos caras de la misma moneda y, los "opuestos" son en realidad, los dos extremos de la misma cosa. Frío y calor son una misma cosa: temperatura; con una diferencia de diversos grados entre

ambos. El "*bien*" y el "*mal*" no son sino los polos de una misma y sola cosa.

5. **El Principio del Ritmo:** *"Todo fluye y refluye; todo tiene sus periodos de avance y retroceso, todo asciende y desciende; todo se mueve como un péndulo; la medida de su movimiento hacia la derecha es la misma que la de su movimiento hacia la izquierda; el ritmo es la compensación".* Todo se manifiesta en un determinado movimiento de ida y vuelta; un flujo y reflujo, una oscilación de péndulo entre los dos polos que existen de acuerdo con el principio de polaridad. Una acción genera una reacción, un avance y un retroceso, una ascensión y un descenso. Y esta ley rige para todo; soles, mundos, animales, mente, energía, materia. Se manifiesta en la creación como en la destrucción de los mundos, en el progreso como en la decadencia de las naciones, en la vida y, finalmente, en los estados mentales del hombre.

6. **El Principio de Causa y Efecto:** *"Toda causa tiene su efecto; todo efecto tiene su causa; todo sucede de acuerdo a la ley; la suerte no es más que el nombre que se le da a la ley no*

reconocida; hay muchos planos de causalidad, pero nada escapa a la Ley". En pocas palabras, todo es *causalidad*.

7. **El Principio de Generación:** *"La generación existe por doquier; todo tiene su principio masculino y femenino; la generación se manifiesta en todos los planos"*. La generación se manifiesta en todo y siempre están en acción los principios masculino y femenino; en el plano físico, mental y espiritual. Este principio obra siempre en el sentido de generar, regenerar y crear. Cada ser contiene en sí mismo los dos elementos de este principio.

Cuando cumplimos estas leyes universales realizamos una conexión espiritual muy poderosa, pues ella se corresponde con la realidad del pensamiento y nos lleva a superar "el sufrimiento del no entendimiento" y a recorrer con nuestra alma, sedienta de Luz y Amor, una nueva comprensión la cual, con agradecimiento en nuestro corazón, nos permitirá ver lo que hasta ahora no habíamos visto y a despertar recordando, ordenando, grabando, guiando nuestros más profundos objetivos espirituales, sin esperar que otros nos los ofrezcan o nos los enseñen, pues el despertar del espíritu es personal y se da en medio de las experiencias y vivencias positivas, sanas, elevadas, sabias y cósmicas; las cuales se expresan en procesos mentales conscientes, claros, diáfanos, ordenados, elevados.

"El verdadero propósito del alma es conectarse con su Esencia Divina, con la unidad de la cual los seres humanos se han separado. El objetivo es CAMBIAR LA FORMA DE VIVIR, hacerlo positivamente y volcarlo al exterior para así cambiar el mundo. La fuente del Alma se encuentra en el interior y la Consciencia debe elevarse y ser parte de la INTELIGENCIA UNIVERSAL. "

— EL SER UNO. ALMA LUZ

EPÍLOGO: DESENLACE Y CONCLUSIÓN

El nudo desatado

Para iniciar el desenlace de esta reflexión te invito a escuchar la canción "El nudo desatado" de Eduardo Darnauchans (1953 – 2007) quien fuera un músico, compositor e intérprete uruguayo, considerado como una de las figuras más importantes de la canción uruguaya, siendo referente de varias generaciones de músicos y cantautores.

https://www.youtube.com/watch?v=p40iSM_nfxM

Letra de "El nudo desatado"

El hombre tenía en la cara dos tajos para no ver.

Y sus manos desataban -nudo añudado- a su ser.

Voleó la cuerda en la rama -que no era de laurel-.

Hizo un nudo duradero, probó su fuerza en un pie.

Como no miraba nada, porque ya nada era de él.

No vio la noche crecida, no quiso el amanecer.

La luna en las cinacinas no cesaba de beber.

Y lloraban indistintos un zorzal y el hombre aquel.

Después la muerte o la nada, bebió en silencio y con sed.

PARA DESATAR CUALQUIER NUDO

Para concluir tengo que afirmar que aquí va el camino de mi aprendizaje y que de este he inferido que desatar cualquier nudo implica una **presencia con consciencia plena en el día a día.** Y que avanzar hacia el tema vital de la existencia consiste en **encontrar el sentido de misión de vida**.

Y, ¿qué podemos hacer para cultivar la presencia plenamente consciente, mientras vamos construyendo el sentido en nuestras vidas?

Varias alternativas de respuestas surgen, sin embargo, es necesario reconocer que **nuestra presencia en el mundo es proporcional a nuestra presencia en el SER** y las siguientes podrían ser unas pistas:

- Cultivar la atención y la compasión en cada paso que damos, pues ellos son como abono que fertiliza la tierra que da el fruto de la presencia.

- Creer en nosotros mismos, conectando con nuestro propósito de vida, con nuestra misión y con nuestros dones, con lo que queremos aportar al mundo, en lugar de andar perdidos en lo que deseamos que el mundo y que la vida nos den.

- Abrirnos a descubrir lo que el Universo y la vida esperan de nosotros, equilibrándonos en el dar y el recibir.

- Mantener el corazón vivo para que, en una presencia sanadora, sea un corazón de luz, no sea una simple bomba de sangre y, por tanto, un corazón de hierro. Es decir, cultivar nuestra inteligencia del corazón, conectándonos con ella.

- Al saber que la serenidad es un estado que se habita, y no algo que se conquista, hacer de ella un estado habitual, perseverando en momentos de experimentación de la quietud y el silencio, como trasfondos de todo aquello que hacemos.

- Desde la aceptación y el soltar, fomentar los pensamientos pacíficos y útiles, sin enredarnos en esos bucles descendentes y negativos, dañinos para nosotros y para quienes nos rodean.

- Y en la Escuela de Magia del Amor el mensaje es este: *"Los ejercicios o prácticas que recomiendan los maestros, para desarrollar la virtud de la humildad, y acabar con la tiranía del Ego **(Demonio Interior),** consisten fundamentalmente en **Renunciar a las Tentaciones del Ego:***

*Renuncia a la Tentación de **Sufrir.***

*Renuncia a la Tentación de **Títulos.***

*Renuncia a la Tentación de **Pelear.***

*Renuncia a la Tentación de **Criticar.***

*Renuncia a la Tentación de **Agredir.***

*Renuncia a la Tentación de **Mandar.***

*Renuncia a la Tentación de **Ostentar.***

*Renuncia a la Tentación de **Imponer.***

*Renuncia a la Tentación de **Humillar.***

*Renuncia a la Tentación de **Inculpar.***

*Renuncia a la Tentación de **Culparse.***

*Renuncia a la Tentación de **Invalidar.***

*Renuncia a la Tentación de **Quejarse.***

*Renuncia a la Tentación de **Protestar.***

*Renuncia a la Tentación de **Vengarse.***

*Renuncia a la Tentación de **Ofenderse.***

*Renuncia a la Tentación de **Defenderse.***

*Renuncia a la Tentación de **Menospreciar.***

*El Ego utiliza el poder, los recursos y el conocimiento, para imponer mandar, humillar, menospreciar e invalidar a los demás, y además exige, que se le "respete' anteponiéndole a su egoico nombre, toda clase de títulos, como: **Majestad - ilustrísima - Excelencia - Reverendísima - Eminencia - Divina Gracia - Egregio - Doctor - Honorable - Señor - Don...** de esta manera, el ego mantiene su reinado de soberbia, que origina toda clase de limitaciones, sufrimientos, dolor, guerras, y conflictos humanos".*

Y concluye:

DEJA DE...

- *inculpar a nadie ni a nada por lo que sientes o te sucede,*
- *hacerte daño con las interpretaciones de la realidad,*
- *huir del compromiso y de la integración con el todo,*
- *pedir y disponte al hacer y al servir incondicional,*
- *sufrir por las circunstancias que no puedes cambiar,*
- *defender ninguna causa por buena que te parezca,*
- *imponer ninguna razón a ninguna persona,*
- *prohibir ninguna cosa a ninguna persona,*
- *luchar contra las circunstancias extremas,*

- *depender de nada ni nadie para ser feliz,*
- *creer que eres dueño de algo o de alguien,*
- *tratar de limitar o controlar a los demás,*
- *agredir en pensamiento, palabra y obra,*
- *tratar de interferir los destinos ajenos,*
- *culparte de tus propios errores,*
- *tratar de cambiar a los demás,*
- *tener miedo a ninguna cosa,*
- *limitarte para amar y servir,*
- *apegarte a nada ni a nadie.*

COMIENZA A...

- *Aumentar tu energía vital*
- *Tener más claridad mental*
- *Mejorar tu capacidad de percepción*
- *Experimentar más alegría, optimismo y entusiasmo para vivir*
- *Sentir la capacidad de disfrutar cada instante y cada experienciu de tu vida*
- *Comprender la necesidad de la convivencia pacífica, armónica y respetuosa con todos los seres del universo*
- *Tener más prosperidad, y a mejorar tus relaciones, salud, abundancia, felicidad y satisfacción en todo lo que haces*
- *Percibir una profunda sensación de Paz en tu interior*

- *Sentir que se amplía tu capacidad de amar y servir*
- *Ver la posibilidad de acceder a otras tecnologías superiores*
- *Estabilizar la energía celular de tu cuerpo físico*
- *Entender cómo restablecer el patrón original de perfección en ti mismo*
- *Percibir que tu cuerpo físico entra en un proceso de Rejuvenecimiento.*

VIVE TU PROPIA
EXPERIENCIA

Por encima de todo lo anteriormente dicho, hemos de reconocer que **todo lo que nos sucede no es más que una representación, a la cual damos dimensión de real**, de lo que es en nosotros; es decir de lo que existe y sucede en el interior de nosotros, quienes nos hacemos correspondientes con las experiencias físicas que vivimos de manera individual; creando las fuerzas oscuras, el mal, el demonio, los monstruos y el infierno, en nuestra mente; en calidad de sistemas de creencias y de defensas, que instalamos en la mente consciente e inconsciente, transformándolas en Ego y en traumas vitales, desde los cuales reaccionar y justificar.

Finalmente, **lo que sucede en nuestro interior**, en nuestro campo mental, no físico, **va creando correspondencias**, que se presentan real y físicamente para que nos reconozcamos en ellas, **desde nuestra propia experiencia interna**, ... y es así como podemos comprender que **los resultados externos que obtenemos se originan primero en nuestro interior mental.**

CON ESTA CERTEZA

Para cerrar esta reflexión, quiero compartirte una historia que me ha acompañado hace mucho tiempo, me la regalo un amigo, diciéndome que era una historia de la cultura Zen, yo desconozco el autor, pero no por ello puedo dejar de utilizarla, una y otra vez.

Espero que esta historia quede en tu **conocimiento**, se convierta en tu **entendimiento** y te apoye en la **acción,** a la cual apunta todo lo expresado en este libro.

"Un grupo de devotos invitó a un maestro de meditación a la casa de uno de ellos para que los instruyera. El maestro dijo que debían esforzarse por liberarse de reaccionar en demasía frente a los hechos de la vida diaria, por lograr una actitud de reverencia, y por adquirir la práctica regular de un método de meditación que, a su vez, les explicó en detalle.

El objetivo era estar conscientes no sólo durante el período de meditación, sino constantemente, en lo cotidiano. ***"El proceso es como llenar un colador con agua",*** dijo el maestro y partió.

El pequeño grupo se despidió de él y luego uno de ellos se dirigió a los demás, echando chispas de frustración: *"Lo que nos dijo es como decirnos que nunca podremos lograrlo.* ¡Llenar un colador con agua! ¿Cómo?

Eso es lo que ocurre, ¿no? Al menos para mí. Escucho un sermón, rezo, leo algún libro sagrado, ayudo a mis vecinos con sus niños y ofrezco el mérito a Dios, o algo por el estilo y después me siento elevado. Mi carácter mejora durante un tiempo...

No me siento tan impaciente, ni hago tantos comentarios sobre otras personas. Pero pronto el efecto se disipa, y soy el mismo que antes. Es como agua en un colador, por supuesto. Y ahora él nos dice que ¡eso es todo!

Siguieron reflexionando sobre la imagen del colador sin lograr ninguna solución que los satisficiera a todos. Algunos pensaron que el maestro les decía que las personas como ellos en este mundo sólo podían aspirar a una elevación transitoria, otros creyeron que el maestro simplemente les estaba tomando el pelo. Otros pensaron que tal vez se estaría refiriendo a algo en los clásicos que suponía que ellos sabían... buscaron, entonces, referencias sobre un colador en la literatura clásica, sin ningún éxito.

Con el tiempo, el interés de todos se desvaneció, excepto el de una mujer que decidió ir a ver al maestro.

Él le dio un tazón y un colador y fueron juntos a una playa cercana. Se pararon sobre una roca rodeados por las olas.

"¡Muéstrame cómo llenas un colador con agua!", le dijo el maestro.

Ella se inclinó, tomó el colador en una mano y comenzó a llenarlo con el tazón. El agua apenas llegaba a cubrir la base del colador y luego se filtraba a través de los agujeros.

"Con la práctica espiritual es lo mismo, dijo el maestro, mientras uno permanece de pie en la roca del Yo e intenta llenarla con cucharadas de conciencia divina. No es ése el modo de llenar un colador con agua, ni nuestra esencia con vida divina". "Entonces, ¿cómo se hace?", preguntó la mujer.

El maestro tomó el colador en sus manos y lo arrojó lejos al mar.

El colador flotó unos instantes y después se hundió.

"Ahora está lleno de agua, y así permanecerá", dijo el maestro".

Saca tus propias conclusiones ... Las mías me llevaron a escribir este libro para mi ... y ¡para ti!

POSTFACIO

¡La oruga no necesita un milagro para poder volar, necesita un proceso!

— ING. JUAN GONZALO
LONDOÑO JARAMILLO

Este libro, tenía como subtítulo "Mentoring para una búsqueda del sentido vital" y al recorrer sus páginas pudimos entender el por qué.

El American Heritage Dictionary (AHD) define al Mentor como un sabio y confiable consejero, que guía la carrera de alguien, generalmente en las esferas más altas del conocimiento. Por otra parte, establece la etimología del término naciendo en la raíz indoeuropea *men* "que piensa", lo cual permite definir al Mentor como un ser pensante, enmarcando así una de las características universales de la Mentoría, la reflexividad.

Por otra parte, el diccionario de la Real Academia de la Lengua Española (RAE) define a un Mentor como "Consejero", "Guía", "Ayo". Aludiendo al "Consejero" como la persona que sirve para aconsejar sobre los elementos más importantes de la conducta; al "Guía" como aquel que dirige o encamina a alguien y al "Ayo" como la persona encargada, en la casa principal, de la guardia, crianza y educación de los niños y los jóvenes.

La Red Global de Mentores agrega en su guía funcional del Mentor: "La motivación ética de la Mentoría queda así concebida como la labor de un personaje externo que orienta y acompaña el crecimiento interno – externo de otro ser. El primero con la autoridad que nace de haber transitado por un sendero y haber convertido los aprendizajes que le aportó ese sendero en conocimiento, destreza, habilidad, carácter, cuidado y coherencia, es decir en sabiduría; la cual decide poner, con voluntad de servicio, a disposición del segundo, un ser que quiere dejarse inspirar y guiar por otro, para convertirse en una mejor versión de sí mismo".

https://www.rgmentores.org/contenidos/manual/71

El Mentor de Mentores, Nelson de J. Rueda Restrepo, actúa en este libro como el personaje externo que orienta nuestra brújula hacia un norte de reflexión y compromiso. Haciendo de su vida el testimonio de una búsqueda y de un encuentro, que nos puede acompañar, como mapa, para que cada uno de nosotros pueda seguir transitando el territorio de nuestra propia búsqueda de nudos vitales y la forma de desatarlos.

En este punto de culminación del libro pueden ser destacados los conceptos nucleares que respaldan la metodología expuesta por Nelson en su libro.

El primero de ellos, y que constituye la piedra angular de la construcción de evolución y elevación humanas, es: "NOSCE TE IPSUM", conócete a ti mismo.

En su diálogo con Alcibíades, Platón le atribuye esta frase a Sócrates. Con ella, Platón trata de recordarle a Alcibíades, un joven ignorante que aspira a la política, que antes de llegar a ser gobernante y dirigir a un pueblo, su primera tarea como hombre es gobernarse a sí mismo, y solo conseguirá este propósito si empieza por conocerse a sí mismo.

"Nosce te ipsum" evoca un proceso de introspección de autoconocimiento que el Mentor de Mentores, que nos acompaña en estas páginas, desarrolla paulatinamente en su libro. En los cimientos de dicho proceso subyace la triada:

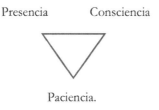

Presencia   Consciencia

Paciencia.

"El arte de vivir nos demanda presencia y consciencia, es decir sabiduría, para asumir cada día como aquel que se nos ha regalado para nuestra evolución y elevación."

Nelson de J. Rueda R.

Presencia con consciencia plena, con inmersión completa y continua, como el "colador en el mar". Ambas, consciencia y presencia, apoyadas en la espera paciente de resultados. Con la certeza de alcanzar la evolución en la materia y la elevación en el mundo del Espíritu, que como humanos, vinimos a desarrollar en las sucesivas encarnaciones.

La segunda triada que cimenta el proceso, está conectada con la primera triada en nuestra consciencia (que va decantándose en **conocimiento**), ejerciendo nuestra plena libertad (conocimiento que vamos moldeando en **entendimiento**) y pivotada en el verdadero sentimiento del **amor** Universal.

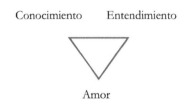

Conocimiento   Entendimiento

Amor

Recordemos en este punto lo expuesto en el siguiente párrafo por Nelson:

"Estamos en este planeta para vivir antes de morir, asumiendo la *mochila evolutiva de la especie,* e integrando en nuestro día a día la práctica de la atención plena; dirigiéndonos hacia lo positivo de la vida y a la realización de ello con consciencia, sensibilidad, intuición, ecuanimidad, carácter y personalidad."

Confiamos en que los lectores han recorrido este libro, con una lectura en la cual su mente haya estado plenamente *consciente.* Que hallan elaborado su propio *conocimiento* de los conceptos en él contenidos, apropiándose de ellos (*entendimiento*).

Y en la medida en que las ideas en él expuestas vibren con su estado actual de evolución, experimenten en su propia existencia los beneficios del proceso de desatar los diversos nudos que nos impiden evolucionar. En otras palabras: ¡La VERDADERA LIBERACIÓN!

ACERCA DEL AUTOR
NELSON DE J. RUEDA RESTREPO

Doctor en Ciencias de la Educación. Mentor de Mentores y Coach Ontológico Empresarial. Ha dedicado su vida, primero a la gerencia de organizaciones solidarias, durante 25 años y luego a la formación, desarrollo y acompañamiento de lideres.

Contacto:

www.rgmentores.org

www.coachingmc.com

rgmentores.org/profesional/nelson-de-j-rueda-restrepo

Facebook: @ruenelson

Instagram: @nelsondejrueda

Made in the USA
Middletown, DE
24 September 2023

39185972R00135